Les tribulations d'Amédée Airache

Claude Fruchart

Les tribulations d'Amédée Airache

Tranches de vie

LE LYS BLEU
ÉDITIONS

ISBN : 979-10-422-2679-4

Prologue

« Tu devrais en faire un bouquin ! »

C'est sur cette invitation que se termine un dîner entre amis au cours duquel la conversation m'a amené à raconter ma vie.

Réflexion faite, je me mets au travail.

Je fais lire mon premier jet à quelques personnes de confiance.

« Mais il n'y a pas de plan dans ton bouquin ! »

« Ben oui, c'est normal ! Ce livre raconte des tranches de vie d'un DRH. Certes, sur le papier, une journée de DRH a un plan, mais dans la vraie vie, un DRH passe fréquemment du coq à l'âne et voit défiler dans n'importe quel ordre des sujets aussi divers que variés. »

Les tranches de vie sont innombrables et j'ai dû en laisser sur le bord de la route.

Mais celles qui sont racontées ici l'ont été pour que les professionnels actuels et futurs de la fonction sachent :

• Qu'il peut leur arriver des quantités de choses qu'ils n'ont jamais imaginées, que cela n'arrive pas qu'aux autres et qu'ils doivent donc être constamment dans l'anticipation.

• Que cette fonction n'est pas la simple mise en œuvre de processus – même s'il est utile d'en avoir – et que lorsqu'ils auront fini d'écrire tous les processus possibles sur cette fonction, ils n'auront jamais fait que le quart du dixième de la moitié du commencement de leur métier.

• Que cette fonction n'existe que par la qualité des relations que ses membres sont capables d'instaurer entre eux et avec les salariés de l'entreprise.

- Que dans cette fonction qui consiste à s'occuper des autres, l'efficacité n'est au rendez-vous que si l'on aime un tant soit peu ces êtres humains que l'on appelle les autres.

Attaque de la due diligence…

Le Président me fait venir…

« Dites-moi, Amédée, cela fait longtemps que je réfléchis à l'opportunité d'avoir un représentant de la DRH dans le Comité "Due diligence", lorsque nous projetons d'acheter une entreprise. Il se trouve que nous travaillons actuellement sur une opération de rachat d'une belle PME, la Société X… Le Comité Due Diligence au grand complet doit être reçu par la Direction générale de cette société la semaine prochaine et je souhaite que vous vous joigniez au groupe. Votre rôle, à l'instar de celui de vos collègues, est de jouer à "si j'étais le Président.". Au retour de cette réunion, vous me direz ce que vous feriez si vous aviez la responsabilité de décider, en explicitant les raisons et les objectifs, et tout ça en me faisant une note écrite. »

« D'accord, Monsieur, j'y serai ».

À l'heure dite, nous nous retrouvons tous les dix au chevet de la PME en question. Pendant toute la matinée, chacun pose toutes les questions possibles sur sa partie, sauf moi. Vers la fin de la réunion, au vu de la documentation très fournie qui nous a été remise, je fais remarquer, quand arrive mon tour de prendre la parole, que je n'ai pas de questions particulières à poser, mais qu'en revanche, je souhaite visiter l'usine.

Ma demande ne déclenche pas un grand enthousiasme chez les dirigeants qui nous reçoivent, ni même curieusement, parmi mes collègues. Nous faisons malgré tout la visite, ce qui me permet de constater que la mariée n'est pas aussi belle que les chiffres le disent, et même que les dirigeants nous cachent un certain nombre de choses.

Les réponses évasives en réunion ne résistent pas à l'examen de la réalité matérielle dans l'usine.

De retour à mon bureau, je fais ce que le Président m'a demandé, sans me concerter avec les autres membres du groupe. Je rédige mon rapport, une simple feuille recto verso, et je prends rendez-vous avec le Président pour lui expliciter mes choix de vive voix. Il me reçoit une petite demi-heure. Pour moi, c'est clair : le rachat n'est pas envisageable. Si nous achetons, nous récupérons certes de la technologie, des produits, des clients, des marchés, mais, en prime, nous héritons d'un tombereau d'emmerdements sociaux et environnementaux, qui à eux seuls font pencher la balance du mauvais côté. Ma recommandation va à l'encontre de celle de tous mes collègues enthousiasmés par leur visite de l'usine.

Je prends alors congé du Président pour retourner à mes affaires…

Quelques semaines plus tard, de passage au siège international du groupe, je croise le Président dans un couloir. Il m'arrête :

« Au fait, je ne vous l'ai pas encore dit : vous avez gagné ! »

« … ? … Gagné quoi, Monsieur ? »

« Je vous ai suivi : nous n'achetons pas la Société X… »

« Mais je croyais que tous les autres étaient favorables à l'achat de cette Société ! »

« C'est exact, ils étaient tous favorables, mais pas un n'a été capable de m'écrire une ligne sur le sujet. Vous êtes le seul à l'avoir fait. J'ai donc décidé de vous suivre. Tout ce que vos collègues se sont contentés de faire, c'est de passer la tête dans mon bureau et de me dire, en restant sur le pas de la porte, que c'était une bonne affaire et qu'il fallait que j'achète. »

Inutile de préciser que je ne me suis pas fait que des copains dans cette histoire. J'ai été littéralement pris à partie par les autres membres du groupe, fort mécontents de la décision du Président. Pour eux, je suis un traître doublé d'un incompétent : « C'est quoi cette boutique où l'on écoute que les RH ? » « Depuis quand ce sont les RH qui dirigent le business ? » etc.

La moutarde me monte au nez : « Eh, les gars, si c'était une si bonne affaire que ça, pourquoi n'avez-vous pas pondu une seule ligne sur le sujet ? Pourquoi ne vous êtes-vous pas mouillés ? »

***

Tu seras où tu as déjà été confronté à des opinions contraires aux tiennes. Retiens que la majorité ne fait pas loi. Sache aussi argumenter pour permettre aux autres de prendre position. L'idée n'est pas de gagner quoique ce soit, mais de poser des éléments tangibles d'aide à la décision. Les écrire et les signer est la preuve que tu assumes ta position. C'est aussi un signe de respect pour la personne qui, au final, tranchera sur la marche à suivre.

Un grand moment de solitude

Aujourd'hui, grande journée de négociation au siège.

Au bureau depuis 7 heures, je profite du calme pour répéter les différents scénarios que j'ai imaginés.

Je passe en revue l'agenda de la journée avec ma précieuse assistante et mon fidèle bras droit, le Directeur des relations sociales.

Tout a été bien préparé et la journée se présente sous un jour favorable.

La réunion est prévue à 10 heures pour laisser le temps d'arriver à ceux qui viennent de loin.

Comme à mon habitude, j'arrive légèrement en avance dans la salle pour accueillir les participants. Mais cette fois-ci, je ne suis pas le premier… Deux personnes discutent. L'une fait face à la porte de la salle. L'autre est de dos.

De face, je reconnais le délégué de l'usine, René Boulanger. Je m'avance vers lui.

Mais je ne reconnais pas l'autre personne. De taille moyenne, sa silhouette est fine et de longs cheveux lui tombent sur les épaules.

« Bonjour Monsieur Boulanger, comment allez-vous ? Vous me présentez votre nouvelle collègue ? »

Et de lancer un *« bonjour madame »* au moment même où l'intéressée se retourne, arborant… une magnifique moustache ! Je reconnais aussitôt Antoine Durand, l'autre délégué de l'usine.

René Boulanger éclate de rire !

Antoine Durand, quant à lui, me serre la main froidement en me jetant un regard peu aimable…

« Je t'avais bien dit qu'un jour, avec ta tenue, on t'appellerait "Madame" ! le tacle son collègue qui se tourne ensuite vers moi : heureusement qu'il a décidé de se laisser pousser la moustache ! »

Nouvel éclat de rire…

Mais moi je ne ris pas du tout… pendant une fraction de seconde, j'ai disparu dans un trou noir… dont je ne suis ressorti que pour bredouiller quelques mots et me dérober au plus vite en allant saluer ceux qui étaient arrivés entretemps. Avec cette petite voix qui me répétait en boucle *« mais quel con ! mais quel con ! »*

3 choses pour vos prochaines salutations :

- Attendez de voir les personnes de face avant vous adresser à elles ;
- Ne prenez pas un air étonné si des personnes que vous connaissez décident de changer de style ;
- Souvenez-vous, enfin, que l'habit ne fait pas le moine…

Bizutage…

« Faites attention, ici c'est très spécial… Lorsque je suis arrivé il y a deux ans, la première personne que l'on m'a présentée après le Président Directeur général, est une certaine Madame Soubiroux, simple élue au Comité d'entreprise, mais personnage très important dans la Société. Vous verrez bien ! »

Tels sont les premiers mots, et les derniers, que mon prédécesseur me glisse discrètement au détour d'une conversation quand nous nous croisons le jour de mon arrivée et de son départ.

Le nouveau DRH que je suis se trouve donc prévenu. Et je ne vais pas tarder à comprendre ce que cela signifie.

Forte de son pouvoir, et comme nous n'avons pas été présentés l'un à l'autre, Madame Soubiroux entreprend immédiatement de savoir qui je suis et, l'après-midi même de mon arrivée, me convoque. Je dis bien « me convoque ».

Madame Soubiroux me téléphone. C'est mon assistante, Josette, qui décroche et me la passe :

« Il y a un problème dans le bureau de Mme X… je vous attends ». Et elle raccroche brutalement, coupant court à toute possibilité d'échange.

Quelque peu étonné face à un tel aplomb, je décide de ne pas bouger et d'attendre pour voir ce qui va se passer. Mais Madame Soubiroux est du genre tenace ! Elle insiste à plusieurs reprises, sans jamais préciser la nature du « problème » en question. Elle rappelle mon assistante, s'impatiente fortement auprès d'elle, au point que, sous la pression, Josette finit par passer la tête dans mon bureau :

« (la voix un peu tremblante) Vous n'y allez pas, Monsieur ? Lucette vous attend – enfin… Madame Soubiroux – Vous ne le savez peut-être pas, mais en pareille circonstance, vos prédécesseurs se sont tous dérangés. Comme vous êtes nouveau dans l'entreprise, ce serait bien que vous y alliez, vous aussi. »

« Mais enfin, Josette, c'est qui la Direction ? Dites-lui que si elle veut me voir, elle n'a qu'à venir jusqu'à mon bureau ».

Josette referme la porte et nous laisse, moi et ma perplexité.

Dans quelle galère suis-je tombé ? Qui donc est cette fameuse Madame Soubiroux que je ne connais pas encore ? Mais je reste ferme sur ma position : si Madame Soubiroux a quelque chose de vraiment important à me dire, elle finira bien par se déplacer en personne.

Effectivement, au bout d'un quart d'heure, j'entends tambouriner à ma porte :

« Entrez ! »

« (restant sur le pas de la porte et d'une voix forte pour que toute mon équipe entende) : On voit que vous êtes nouveau ici, il va falloir que vous appreniez comment on fonctionne » !

« Bonjour Madame… »

« … Mademoiselle… »

« Bonjour Mademoiselle, asseyez-vous, je vous en prie. Nous ne nous connaissons pas encore, je me présente : je suis Amédée Airache, le nouveau Directeur des Ressources humaines. »

Et là – surprise – elle est prise au dépourvu.

Forte de sa méthode d'approche, qui, il faut bien le dire, fonctionne à merveille depuis plus de vingt ans, elle n'a pas imaginé un instant que je puisse esquiver complètement son attaque.

Nous n'échangeons alors que quelques banalités, brièvement, puis elle se lève et part sans dire un mot.

Josette arrive tout de suite dans mon bureau et essaie de savoir ce qui s'est passé. Je lui explique que je n'ai pas agrippé la perche de la polémique que Madame Soubiroux me tendait, et que ses menaces se sont très vite évaporées…

« Certes, mais c'était quoi le problème dans le bureau de Mme X… ? »

« Bonne question… mais je n'en sais rien, nous n'en avons même pas parlé ! »

***

Problème or not problème ? That is the question…

Signer, c'est respecter !

« Pourquoi tu t'em… comme ça ? Tu te fais ch… pour rien, ça n'en vaut pas la peine… »

Tels sont les encouragements que je reçois chaque année de certains collègues à l'époque sensible de la révision des salaires. Au passage, pour que ce soit bien clair, la signature des lettres d'augmentation, de prime et autres promotions ne désigne pas la personne qui a pris la décision (ego, quand tu nous tiens) mais exprime l'authentification de cette décision par la Société.

Le manager peut évidemment y ajouter sa signature.

Fermer la parenthèse…

Donc, alors que d'aucuns me conseillent de recourir à un simple coup de tampon, voire rien du tout, sûrs que cela suffit amplement et que de toute façon, ce qui intéresse les salariés, ce n'est pas la signature, c'est ce qui est au-dessus, je sens intuitivement que ce n'est pas du temps perdu.

J'applique en fait le vieil adage : « Tout ce que vous voudriez que les autres fassent pour vous, faites-le pour eux, vous aussi ».

Et c'est vrai que moi-même tout au long de ma carrière, j'ai pu me faire une idée précise de mes différents patrons sur ce simple exercice de signature de ma lettre d'augmentation. J'ai personnellement plus d'estime pour ceux qui se sont donné la peine de me remettre un original signé !

Je continue donc ce que considère être une « bonne pratique ».

Et un jour… au début d'une réunion des délégués du personnel, une voix se lève.

« Je voulais vous remercier pour ma lettre d'augmentation. »

« C'est vous qu'il faut remercier, vous ne la devez qu'à votre mérite. »

« Oui, mais ce que je voulais vous dire, c'est que la lettre, c'est un original, signé par vous, avec une vraie signature, à l'encre bleue. »

« Oui, effectivement… mais ça me paraît normal, non ? »

« Vous les signez vraiment toutes ? »

« Oui, je les signe toutes. »

« Mais ça doit vous faire un sacré boulot ? »

« Oui, c'est vrai, mais je ne fais que mon travail. À mes yeux, il est important que chaque salarié sache que son augmentation, résultat d'une décision prise par sa hiérarchie, est authentifiée par la direction de l'entreprise. C'est ce que représente ma signature. »

« Vous savez, pour nous, c'est chouette d'avoir une lettre originale signée, parce qu'on peut la montrer à la maison, et quand je l'ai fait, ma femme et mes enfants n'en revenaient pas ». Ma femme m'a même dit « c'est une vraie lettre, un original signé… ben mon vieux, dans ta boîte, on vous respecte. »

Le candide sauveur

Je travaille sur un projet de note d'information destiné aux 5000 salariés de l'entreprise. C'est un exercice délicat, parce qu'il faut s'assurer que le texte sera compris de la même manière par tous.

Pour parvenir à la meilleure rédaction possible, je pratique la méthode du « candide », qui consiste à faire relire la dernière version par une personne qui ne connaît rien au sujet. Après une seule lecture, elle doit me dire ce qu'elle a compris et ce qu'elle a retenu.

Il s'agit en l'espèce d'une information concernant les résultats de la répartition de la réserve spéciale de participation, sujet sensible à cette époque-là dans l'entreprise.

Je viens de finir de mettre au point la quatrième version et je m'apprête à me mettre en quête de mon candide.

Je me dirige vers le grand bureau du service RH, où l'on reçoit habituellement le personnel quand j'aperçois une assistante commerciale que je connais un peu :

« Bonjour Madame Martin, vous tombez à pic ! Pouvez-vous venir dans mon bureau, j'ai quelque chose à vous demander. »

« Bonjour Monsieur… euh… moi ? »

« Oui, vous ! J'ai besoin de votre avis sur la note d'information que je prépare sur la répartition de la participation. »

« Moi, mais je n'y connais rien, je ne suis pas au courant… »

« Justement, c'est ça qui m'intéresse. »

Nous entrons dans mon bureau…

« Voici le texte d'une note d'information qui doit être diffusée à l'ensemble du personnel. Je souhaiterais que vous la lisiez et que vous me disiez ensuite ce que vous avez compris et ce que vous avez retenu. »

« Mais je ne vais pas savoir vous donner la bonne réponse. »

« Il n'y a pas de bonne réponse. Dans ce genre d'exercice, la bonne réponse, ce sera la vôtre !

« Ah ! … »

« Vous lisez le texte, puis vous retournez la feuille et vous me dites ce que vous avez compris et ce que vous en retenez. »

Madame Martin se met à lire, un texte pas très long qui tient facilement sur une feuille, recto simple. Elle retourne ensuite la feuille et me dit ce qu'elle a compris et ce qu'elle en a retenu. Ce faisant, elle me regarde et devine à ma moue qu'il y a un truc qui ne va pas…

« Ce n'est pas ça ? Je me suis trompée ? Je n'ai pas bien compris ? »

« Au contraire, vous venez de nous rendre un immense service ! »

« … ? ! ? ! ? … »

« Ce que vous avez compris n'est pas ce que je veux dire… c'est donc qu'il y a quelque chose qui cloche dans ce texte… relisons-le et arrêtons-nous à chaque phrase pour faire le point. »

« Comme ça, on va vite voir où ça diverge… »

Nous arrivons aux deux tiers du texte…

« À ce stade, voici ce que je veux dire… »

« Ah ? Parce que moi, ce n'est pas ce que je comprends. »

Nous décortiquons la phrase et tombons sur le verbe fatal, dont l'ambiguïté ne m'était pas apparue, et qui pouvait faire partir le sens dans deux directions opposées.

« Heureusement que je vous ai demandé votre avis… parce que, jusqu'ici, tous ceux qui ont travaillé sur ce texte l'ont compris de la même manière ! »

« Pourquoi ne pas utiliser le verbe »… « qui éviterait cette ambiguïté ? »

« Très bonne idée. »

Nous corrigeons le texte, le faisons relire par l'équipe RH qui trouve la correction très pertinente.

Nous l’avions échappé belle…

« J’ai l’impression que c’est terminé. Vous m’excusez, mais il faut que j’y aille, je dois avoir déjà beaucoup de messages sur mon répondeur ! »

« Un grand merci pour votre contribution. Comme quoi la méthode du candide a du bon ! »

« La méthode du “candide” ? »

« En vous demandant votre avis sur le projet de texte, je vous faisais jouer, comme à d’autres avant vous, le rôle du “candide”, c’est-à-dire de la personne qui ne connaît pas le sujet, et à qui nous demandons son avis. »

« Parce que vous travaillez toujours comme ça ? »

« Oui, bien sûr ; si nous nous adressons aux salariés, c’est pour être compris ! »

« Eh bien, vous, au moins, vous nous respectez… »

Les droits à maladie

Les raccourcis de langage, s'ils sont commodes pour les professionnels, engendrent parfois des confusions.

C'est ainsi que je découvre, en prenant mes nouvelles fonctions, que mon équipe RH parle de « droits à maladie » !

Cette expression me choque : a-t-on le « droit » d'être malade ?

J'organise rapidement une réunion de travail avec l'équipe pour traiter ce sujet.

Je découvre, agréable surprise, qu'il n'y a pas la moindre ambiguïté dans leur tête : nul n'avait le « droit » d'être malade ! Ce raccourci de langage désigne simplement le « nombre maximum de jours pendant lesquels un salarié, en arrêt de travail pour maladie, peut être rémunéré à taux plein ». Et ce nombre de jours est de 45.

L'expression étant un peu longue pour être utilisée au quotidien, un raccourci de langage est né.

Mais ce raccourci va provoquer, à son insu, lentement mais sûrement, une dérive dans la signification de l'idée de base. C'est ainsi que, lorsqu'un salarié vient demander combien il lui reste de « droits à maladie », on lui fait le calcul suivant :

45 jours – nombre de jours d'arrêt de travail pour maladie déjà pris = nombre de jours restant. CQFD

Un peu comme on calcule un nombre de jours de congés ou de RTT restant à prendre !

Les plus filous s'engouffrent dans la brèche et en viennent à considérer que ces jours sont des droits acquis.

Pour commencer à changer les mentalités, je demande à mon équipe de répondre désormais « 0 » aux salariés qui font la demande de leur nombre de jours de maladie restant… à prendre…

À l'appui de cette réponse, je leur rappelle l'argument de bon sens qui a été englouti par les années : « nul n'a le droit d'être malade ! Chacun peut être malade, mais la maladie n'est pas un droit » !

Il ne me reste plus qu'à attendre les réactions, qui ne tardent pas à venir.

Elles se manifestèrent sous la forme d'une question posée par les délégués du personnel, reprise dans l'ordre du jour du Comité d'Établissement, et avec copie à l'Inspecteur du travail ! La grosse artillerie…

Mais artillerie ou pas, le bon sens s'impose. Je confirme que les règles de la Convention collective continuent de s'appliquer normalement, que le nombre maximum de jours pendant lesquels un salarié, en arrêt de travail pour maladie, peut être rémunéré à taux plein, est inchangé.

Les représentants du personnel et l'inspecteur du travail doivent se rendre à l'évidence…

Épilogue

Cette remise à l'heure des pendules a eu un effet intéressant : le nombre de salariés venant demander leur nombre de jours de « droits à maladie » a fortement diminué, et l'absentéisme avec lui…

Mais chaque situation a ses irréductibles… et celui dont nous allons parler entendait continuer à consommer, envers et contre tout, ses « 45 jours de droits à maladie », lesquels venaient s'ajouter aux « droits réels » dont il bénéficiait par ailleurs, soit 25 jours de congé principaux, 3 jours de congé d'ancienneté, 12 jours de RTT et 2 jours au titre des jours fériés tombant en fin de semaine. Si vous faites l'enveloppe de tous ces jours, vous arrivez à un total respectable qui vous donne un temps significatif pour pratiquer votre sport favori : le vélo…

À suivre…

Le cycliste qui déraille

Je l'aime bien, le beau Serge. La cinquantaine fringante, silhouette élancée, toujours souriant. Bref, un cycliste sympa. Car Serge est un amoureux de la petite reine, et quand il n'est pas au local syndical, il passe le plus clair de son temps sur son vélo.

Son chef l'aperçoit de temps en temps au boulot, derrière son ordinateur, en train d'essayer d'exercer sa fonction de Technicien de bureau d'étude, hélas, sans beaucoup de succès ni de motivation…

Et justement, ce matin-là, le mercredi 2 mai 2012, Serge croise son chef au bureau. Ils parlent de la pluie et du beau temps, et Serge s'éclipse assez vite. Son chef lui trouve une allure enjouée, un air guilleret, et un peu plus tard dans la journée, il m'appelle pour me faire part de ses impressions :

« Je suis prêt à parier que Serge va nous faire bientôt une grosse maladie, genre 3 semaines d'arrêt. »

« Vous avez lu ça dans une boule cristal ou dans du marc de café ? »

« Ni l'un ni l'autre… J'ai laissé traîner mes oreilles et j'ai appris que Serge se répand depuis quelques jours auprès de ses collègues sur les fourmis qu'il a dans les jambes et sur son envie, avec le retour des beaux jours, d'aller dans sa famille, en Corrèze, pour relancer sa saison cycliste. »

« Il y aurait du vélo dans l'air ? »

« Probablement, étant donnée son allure enjouée ce matin… Seulement, il n'a posé aucune demande de congé, et de toute façon, il ne lui reste que 3 jours à prendre d'ici la fin de la période. Il va donc nous refaire le coup de l'arrêt de travail. »

« Aie… »

« Je sais que l'on ne peut pas faire grand-chose dans ce genre de circonstances, mais je voulais vous tenir au courant, des fois que vous ayez besoin de lui pour ses activités syndicales. »

« De ce côté-là, pour ce qui le concerne, ce sera calme. Le prochain CE est à la fin du mois, le mardi 29 mai. »

Il connaît bien son gars, le chef ! Car dès le lundi 7 mai, nous recevons un arrêt de travail de 3 semaines. Comme le lundi 28 est férié, nous ne le reverrons que le jour du CE, mardi 29 mai.

Comme à chaque début de CE, je fais le tour de tous les participants pour les saluer et échanger quelques mots. Arrive le tour de Serge… il a une mine resplendissante, bronzé comme à un retour de vacances.

« Bonjour Monsieur Vital, comment allez-vous ? »

« Très bien, pourquoi cette question ? »

« J'ai appris que vous aviez été arrêté 3 semaines, ce n'est pas rien, surtout pour un arrêt initial… J'espère qu'il ne vous est rien arrivé de grave ! Nous nous sommes inquiétés pour vous… Enfin, bon, vous êtes là ce matin et en pleine forme, c'est le principal… »

Le CE démarre. Et pour une fois, Serge reste muet… le comble pour un garçon qui avait tendance à monopoliser la parole, au point que je n'ai pas résisté à la tentation :

« On ne vous entend pas, ce matin, Monsieur Vital, vous êtes sûr que vous allez bien ? Mais il vous faut peut-être un temps de réadaptation à la vie parisienne… »

L'histoire aurait pu rester confinée aux membres du CE, mais non.

Les collègues sont parfois méchants, vous savez…

Si vous êtes tenté de faire le même coup, soyez discret au moment de votre départ et puis, surtout, évitez de vous exposer au soleil… c'est mauvais pour la santé !

Si je suis si nul, virez-moi…

Il n'y a que du beau monde à cette réunion : le Président, le Directeur général, et tout plein de grands chefs. Il faut dire que le patron de la plus grosse « business unit » présente un projet à plus de 20 millions d'Euros, projet sur lequel il va falloir trancher vite parce qu'il faut garder de l'avance sur les concurrents. C'est en tout cas comme ça qu'il nous est annoncé.

Le discours de Laurent, le chef qui parle, est bien ficelé. Laurent est le genre de garçon qui vous donne le sentiment d'être plus intelligent une fois que vous l'avez écouté.

Pourtant, là, il y a comme une petite hésitation chez les participants… une hésitation à 20 millions d'Euros quand même !

Le Président ouvre le bal des questions et tous les participants à la réunion le suivent. Le projet présenté est séduisant, mais chacun sent bien qu'il y a quelque chose qui cloche dans l'argumentation. Présentée comme une évidence, la question industrielle s'avère en fait poser de gros problèmes, et c'est toute la rentabilité espérée du projet qui se trouve remise en cause.

Mais Laurent tient à son projet. Et comme c'est un grand affectif, il fait glisser l'argumentaire sur sa personne. Au fond, tout le monde l'aime bien, Laurent, et il le sait. Il espère donc emporter le morceau en déplaçant le fond du projet sur le terrain émotionnel et sur celui de la confiance.

Tout le monde est un peu gêné autour de la table. À la fois, personne ne veut lui faire de peine, et en même temps, on voudrait en savoir un peu plus avant de décider de sortir 20 millions d'Euros !

Laurent le sent bien et fait monter la pression :

« Je ne vois pas ce qui vous arrête. J'ai répondu à toutes les questions… Vous n'avez pas confiance… »

Nous nous regardons, sentant que ça peut déraper…

Laurent en rajoute sur le ton de la colère et de l'indignation…

« Oui, c'est ça, vous ne me faites pas confiance ! Après tout ce que j'ai fait pour cette maison, c'est honteux. Mais si vous n'avez pas confiance, si je suis aussi nul que ça, ayez un peu de courage, allez jusqu'au bout, virez-moi ! »

Une atmosphère de plus en plus pesante règne autour de la table…

S'engouffrant dans le silence, Laurent commence à faire un tour de table du regard, fixant chaque participant dans les yeux, et posant de plus en plus fort la question de confiance : « si je suis aussi nul que ça, virez-moi ». Le tour de table dure une éternité… chacun se tait et se demande comment tout ça va se terminer.

Alors que personne n'a encore rien dit, il s'arrête sur moi et me fixe avec provocation. Je connais Laurent depuis 20 ans, je connais ses colères… et je me dis qu'il faut faire tomber la pression. Pendant qu'il me fixe, il me vient une idée… je le fixe à mon tour et lui dis : « chiche ? »

Brutalement, il devient blême. Sans dire un mot, dans un silence pesant, il rassemble ses dossiers, prend son ordinateur et part en claquant la porte… Un ange passe… Nous nous regardons sans rien dire. Le Président me regarde en souriant. Le Directeur général, un vieux copain de Laurent, me glisse « vous avez peut-être été un peu dur ? » à quoi je réponds avec un clin d'œil « c'est lui qui a commencé »…

Manifestement, chacun est soulagé que la réunion soit terminée et le projet renvoyé à des jours meilleurs. Le sourire du Président me dit qu'il est satisfait que cela se soit terminé sur une pirouette plutôt que sur une escalade incontrôlable… En quittant la salle, le Directeur industriel me dit « c'est vrai qu'il est chiant avec ses colères » et le Directeur financier d'ajouter « on ne peut quand même pas sortir 20 millions d'euros juste pour ne plus l'entendre brailler ».

Certes… mais en attendant, c'est moi qui l'ai ouverte !

C'est parfois ça aussi le rôle du DRH d'avoir le mauvais rôle.

Elle tient bien ma tête ?

« Venez voir par ici, Amédée, j'ai quelque chose à vous demander. »

« Oui, Monsieur le Président. »

« Je suis obligé de vivre ici, loin des équipes et des patrons opérationnels. Cela comporte bien quelques avantages pour les relations avec notre actionnaire, mais ce n'est pas sans inconvénient sur le management de l'entreprise. Je voudrais que vous me surveilliez les patrons d'activités, pour qu'ils ne fassent pas leur cuisine dans leur coin, c'est-à-dire dans mon dos. »

« Vous pouvez compter sur moi, Monsieur. »

De retour à mon bureau, au siège opérationnel, je me sens à la fois conforté dans ma fonction et soutenu par mon patron, mais la mission qu'il me confie ressemble à s'y méprendre à un bâton merdeux… en gros : « à toi de jouer avec ton pouvoir d'influence puisque tu n'as pas le pouvoir hiérarchique. »

Merci Patron !

Même si elle est délicate, je trouve vite la mission intéressante. Les patrons opérationnels ne sont pas informés de ma mission et ils ne ratent pas une occasion de réagir fortement chaque fois qu'ils m'aperçoivent dans leur champ de vision, apparition synonyme d'intrusion dans leurs affaires.

La vie quotidienne s'écoule sans que personne ne sache jamais rien de la mission qui m'est confiée. Me savoir « assuré » par en haut me donne une tranquillité d'esprit tout à fait appréciable et me permet, en bon nombre d'occasions, de remettre certains projets sur les rails, sans craindre pour ma survie…

Mais les « barons » n'apprécient pas de me trouver sur leur chemin, et de mettre à l'épreuve leur pouvoir de décision. Cela me vaut quelques entretiens musclés, mais au final rien de grave, et cela reste « entre nous ».

Jusqu'au jour où…

L'un des barons ne l'entend pas de cette oreille et va se plaindre directement auprès du Président. C'est ainsi que quelques jours plus tard, au sortir d'une réunion, ce dernier me lance d'un air amusé :

« Tiens, Amédée, on m'a demandé votre tête ce matin… »

« Ma tête… ? »

« Oui, votre tête ! »

« Elle tient bien, Monsieur ? »

« À propos de ce que je vous ai demandé… Eh bien sachez qu'il y en a certains à qui cela ne plaît pas du tout, mais alors pas du tout… Mais c'est bien. Continuez à effectuer votre travail. »

Il était beau le manager !

Il était mince, il était beau,
Il sentait bon le sable chaud,
Le manager.
Il avait de grands yeux très clairs,
Où parfois passaient des éclairs,
Le manager.
La tête un peu dans les nuages,
C'était un homme dans le bel âge,
Le manager.
Mais je ne l'ai jamais compris,
Il cultivait trop le mépris,
Le manager.
Sur son cœur, on lisait « personne »
Sur son bras un seul mot « bastonne »
Le manager.

Adaptation de la chanson *mon légionnaire* d'Edith Piaf

Il débarque un beau matin, et sonne le changement au son de la trompette et du cor !

« Faut que ça change ! » Tadatada ! Tadatada ! Et gare à celui qui pose une question.

Ils ont intérêt à s'tenir à carreau, ces infirmes de l'EBITDA, ces invalides du business, ces incapables ! Et il a le compliment d'autant plus facile qu'il clame partout que la Direction générale lui a demandé de prendre, ENFIN, des mesures fortes dans cette Division.

Enfin, c'est ce qu'il dit…

Sur le podium des slogans, la plus haute marche est tenue, sans surprise, par les « mesures fortes qu'il va prendre », suivies par les « choses qui vont enfin changer », et pour compléter le podium, par le « mouvement qu'il va imprimer » à sa Division. En français dans le texte, il faut que ses collaborateurs se bougent le cul.

« Veni, vidi, vici », avait dit Jules César en son temps. Avec lui, ce sera « veni, vidi, parti ».

Pur produit des plus belles écoles françaises, Bruno sait tout sur tout. Il est à lui seul, plus fort que ses 200 collaborateurs. Il fournit des réponses à des gens qui n'ont pas eu le temps de lui poser de question. Il fait fréquemment étalage, en public de préférence, de sa science et de sa culture qui contrastent tant avec ces « pauvres autodidactes » qui lui servent de collaborateurs !

Heureusement pour eux, ces « pauvres autodidactes » sont solidaires et comprennent vite où se trouve leur salut. Ils vont apprendre à leur nouveau chef la seule chose qu'il n'ait pas apprise au cours de ses études : la vie.

C'est comme ça que Bruno découvre le coup de la tortue.

Au fil des semaines, Bruno se retrouve devant une carapace sur laquelle tout glisse. Il ne peut pas la percer et son fonctionnement lui échappe. Il n'a aucune prise sur l'organisation, et suprême humiliation, il constate que ses collaborateurs, après avoir bien écouté ses directives, en extraient la substantifique moelle, font tourner la boutique sans lui et obtiennent de bons résultats. Il se retrouve donc totalement isolé et doit aller à la pêche aux infos, ses chefs de service prenant un malin plaisir à les lui distiller au compte-gouttes.

Notre super manager semble avoir oublié que le changement ne se décrète pas de l'extérieur et ne s'impose pas par la force.

Le changement se vit et se met en œuvre de l'intérieur avec les personnes concernées. Il doit infuser dans le corps social. Il ne représente pas du travail supplémentaire mais une autre manière de vivre au travail. Faute d'avoir intégré cela, notre homme « (…) se trouva fort dépourvu quand la bise fut venue ».

Et la bise se présenta sous les traits du Président.

Quelques mois après la nomination de Bruno, inquiet par le climat qui règne dans cette division, et après que nous en avons parlé à plusieurs reprises, le Président m'explique l'alternative qui se présente à lui :

« Soit je vire les 200 collaborateurs, soit je vire le chef. »

« Du fait de son côté pratique et économique, il ne fait pas de doute que la seconde branche de l'alternative a un aspect séduisant » est la réponse qui me vient naturellement.

« Tu es marrant, ce n'est pas simple ! Il faut que je me fasse à l'idée. Mais il faut agir vite, parce que les clients ne vont pas aimer du tout que cette atmosphère perdure. »

« Et tu imagines la suite de quelle manière ? »

« Ben, c'est à toi de jouer, maintenant, c'est ton boulot, tu as carte blanche. »

« Merci chef ! J'essaierai de ne pas trop la salir… »

Le départ de ce « brillant garçon » est l'occasion d'une dernière escarmouche. Se faire sortir au bout de 6 mois est rude pour son ego ! Bruno se présente à l'entretien préalable de licenciement en bombant le torse :

« Je ne sais pas si vous êtes le bon interlocuteur, je vais abréger cet entretien ».

« Je n'ai ni vos titres ni vos diplômes, mais la signature du pauvre DRH que je suis, suffit à vous faire franchir le seuil de cette maison. Quant à rester ou partir, décidez-vous vite ; de toute façon, cela ne changera rien à la procédure. »

Bruno se lève, hésite, et se rassied.

L'entretien se déroule d'une manière acceptable.

Bruno tente quand même d'obtenir une somme d'argent suffisante pour soigner son amour-propre. Mais il doit ravaler sa gourmandise, et se contenter de la convention collective.

Je n'ai pas trop sali ma carte blanche…

Et Bruno a pu sévir… ailleurs !

Au fond, je vous aime bien

Imaginez une réunion du Conseil Social et Économique, normale, plutôt calme, studieuse, où tout le monde travaille.

Pourtant, le Secrétaire du CSE, un brave homme dans la cinquantaine, a bien du mal à tenir le Représentant syndical de son organisation, pour qui chaque sujet abordé est une occasion de se farcir le Président ; et dans cet exercice, il excelle !

Les arguments pleuvent, les attaques fusent et les coups bas aussi. Jusqu'au moment où…

« Vous êtes un homme odieux, sans foi ni loi, insensible à la misère des salariés. »

« Vous me faites de la peine, jamais on ne m'a parlé comme ça. »

« Vous êtes dur, vous n'avez pas de cœur. »

« Ne croyez pas cela, moi aussi j'ai ma sensibilité, moi aussi j'ai mes points faibles. »

S'en suit un instant de silence pendant lequel tous les membres du CSE se regardent, et au moment où le Secrétaire s'apprête à prendre la parole, manifestement pour changer de sujet, le Représentant syndical intervient de nouveau :

« Qu'entendez-vous par là ? Expliquez-vous, vous en avez trop dit ou pas assez ! »

« Mon point faible, c'est qu'au fond, je vous aime bien. »

La séance se poursuivit encore longuement dans un calme studieux…

Y a-t-il un pilote dans l'avion ?

Nous sommes le lundi matin 3 avril 2006

À peine arrivé au bureau, j'apprends que les salariés du site de Juvisy sont en grève. Ils ont bouclé le site après avoir fait sortir Alexandre, leur patron, ainsi que l'encadrement.

Je ne suis pas surpris. En effet, depuis un an, j'alerte le Président sur la fragilité sociale de ce site, fragilité due à un management très hautain, pour ne pas dire franchement méprisant. Mais mes mises en garde renouvelées auprès du patron du site ont le même effet qu'un cataplasme sur une jambe de bois. Et arrive ce qui devait arriver : Alexandre se trouve « à la porte de chez lui » en ce lundi matin.

Alors que je cherche à le joindre, mon assistante m'apprend que ce dernier est en route pour venir me voir. Il arrive en un temps record, s'installe dans mon bureau et engage illico la conversation :

« Ça ne peut plus durer ! C'est intolérable… il y a des clients à livrer. Ces imbéciles ne se rendent pas compte que nos concurrents n'attendent que ça pour nous prendre des parts de marché et nous piquer nos gros contrats. Il faut aller leur expliquer qu'ils sont irresponsables, qu'ils sabotent les résultats de la Division. Vous m'entendez, il faut qu'ils reprennent le travail séance tenante ».

« Bon, si je vous ai bien entendu, ça n'a pas l'air trop difficile, mais il va falloir malgré tout un peu de temps et de patience. »

« C'est hors de question ! Ils doivent reprendre le travail, im-mé-di-a-te-ment. Et d'ailleurs, qu'attendez-vous pour aller le leur dire ! »

« La vraie question, à ce stade, est de savoir qui va s'atteler à résoudre le conflit. Si c'est vous, avec ce que je viens d'entendre, vous en prenez pour trois semaines de grève. Si c'est moi, connaissant les gars et la situation, je prends le pari que nous pouvons tabler sur un début de reprise du travail jeudi après-midi. »

« Vous êtes irresponsable, et puisque c'est comme ça, je vais chez le Président ! »

« Excellente idée, Alexandre ».

À peine est-il parti que je m'enquiers de la situation sur le site. Tout est calme, mais il règne un climat « tendu », signe que les salariés sont déterminés dans leur action.

Ils réclament de l'argent, forcément… A-t-on jamais vu des grévistes réclamer que leur patron arrête de les prendre pour des imbéciles ? Non ! Donc, ils demandent de l'argent, sous une forme ou sous une autre !

Sur ces entrefaites, je vois arriver mon assistante qui me dit qu'elle a les délégués du site en grève en ligne et qu'ils veulent me parler. Je prends la communication sans hésiter.

Ils me font part de leur mécontentement, sans être plus précis que cela, mais je sens à leur ton qu'ils sont ulcérés et très remontés contre leur chef. Ils me laissent d'ailleurs un conseil à son sujet en guise de conclusion :

« On sait très bien que vous allez venir avec lui au nom de la solidarité du management, mais nous, on vous dit qu'on ne veut plus le voir. Si vous nous l'amenez, on le reconduit sur le trottoir par le fond du pantalon ».

Et à ces mots, ils raccrochent !

Je suis encore en train de rassembler les éléments du puzzle pour évaluer les chances d'en sortir sans trop tarder et sans trop de dégâts, lorsque le téléphone sonne :

Mon assistante décroche : « Monsieur, c'est le Président qui demande à vous parler ».

À peine m'a-t-elle passé la communication, que j'entends le Président me dire :

« Bonjour, quel est votre plan pour en sortir ? »

« Bonjour Monsieur, j'imagine qu'Alexandre est venu vous voir. J'ignore ce qu'il vous a dit, mais je lui ai dit en conclusion de notre entretien que si c'était lui qui pilotait la sortie du conflit avec ses méthodes, il en prenait pour trois semaines de grève, et que si c'était moi, connaissant les gars, je pouvais tabler sur un début de reprise du travail jeudi après-midi. »

« C'est vous qui pilotez. Quel est votre plan ? »

« En résumé, il consiste à mener à bien plusieurs phases : laisser les humeurs se vider tout en surveillant les mouvements autour du site et les entrées et sorties du site, annoncer une reprise de contact en diffusant une information écrite, prendre effectivement contact en pénétrant sur le site occupé, parler en vérité aux 200 salariés qui occupent le site, toper -là, remettre le site en ordre, reprendre le travail. Nous sommes lundi matin. Sur cette base, je vous confirme que nous pouvons espérer un début de reprise du travail jeudi après-midi. »

« Ça me paraît raisonnable. »

« Vous savez, ce qu'ils veulent, au fond, c'est entendre simplement la vérité sur les motivations du projet de déménagement de leur unité. Leur chef ne leur a servi jusque-là que de savants calculs économiques, aux antipodes du bon sens et de la réalité. Il a ainsi semé le doute sur la véracité des motivations. Les salariés se sont donc mis en grève pour qu'on leur dise la vérité ».

« Bien. Allez-y et tenez-moi informé. »

« Merci de votre confiance. Mais j'ai une dernière chose, délicate, à vous demander ».

« Je vous écoute ».

« Lorsque je vais me rendre sur le site, d'abord pour me montrer aux grévistes, puis établir un contact direct avec eux, il faudrait, au nom de la solidarité du management, que je sois accompagné d'Alexandre ».

« Tout à fait, c'est même impératif ! »

« ... sauf qu'il y a une grosse difficulté. Je viens d'avoir les délégués du site au téléphone, et ils m'ont dit très clairement que si je leur amenais Alexandre, ils le reconduiraient sur le trottoir par le fond du pantalon. Et permettez-moi d'ajouter que ça, c'est dans le meilleur des cas, le pire étant que nous retrouvions Alexandre en slip sur le trottoir ! Je les ai sentis vraiment très remontés contre leur chef »...

« Vous m'ennuyez beaucoup »...

« J'en ai bien conscience, Monsieur, mais nous perdrions davantage à appliquer le principe de la solidarité du management, qu'à le mettre pour une fois de côté ».

« Hum... »

« Merci de votre compréhension, Monsieur, et puisqu'Alexandre vous est directement rattaché, j'ai une dernière chose à vous demander : faites-en ce que vous voulez jusqu'à la fin du conflit, mais je ne veux surtout pas le voir sur le site ! »

« Nous parlerons d'Alexandre une autre fois. Bon courage, et surtout tenez-moi informé ».

Le conflit prend fin rapidement, et, comme je l'ai pressenti, les salariés se remettent au travail dès le jeudi après-midi, en oubliant même qu'ils ont demandé de l'argent... Ils viendront, sans qu'on leur demande, travailler tout le samedi pour rattraper les retards de livraison, retards dont ils ont informé les clients...

Le vendredi, tout étant rentré dans l'ordre, je prends contact avec le Président pour voir comment nous allons procéder pour faire reprendre le travail à Alexandre. Et là, surprise... j'apprends qu'Alexandre ne fait plus partie de la Société : il a démissionné... à la demande du Président.

Moralité

Écoute et parle en vérité, cela évite les crises.

La feuille violette…

J'entreprends, un jour, de regarder de près la question de l'absentéisme. J'ai repéré quelques spécialistes de l'arrêt de travail, c'est-à-dire des personnes qui prennent, bon an, mal an, chaque année, « leurs 45 jours d'arrêt maladie » ! Ce qui me gonfle prodigieusement, et même, j'ose le dire, me fait honte.

De surcroît, certains ont pris la douce habitude, lorsque l'arrêt de travail tombe pendant leurs congés, de récupérer le nombre de jours de congé équivalent au nombre de jours d'arrêt de travail. Ben tiens, pourquoi se priver !

Alors qu'en réunion de service RH, je fais part de mon inquiétude sur cette pratique, Madame Bertille, la responsable de l'administration du personnel, me fait savoir tranquillement que c'est une pratique très répandue, que c'est quasiment devenu un usage.

Mais cette pratique heurte mon sens de l'équité. Une année se répartit en deux types de périodes : les périodes travaillées et les périodes non travaillées. Dans ce cadre, la maladie intervient de façon aléatoire. Elle peut aussi bien tomber sur une période travaillée que sur une période non travaillée. J'en conclus donc que si un salarié récupère les jours de congé pendant lesquels il est malade, il faut, pour être équitable, qu'il récupère les jours de travail pendant lesquels il est malade.

Je confesse que la formule est provocatrice et de fait, je ne trouve pas beaucoup de supporters… mais je veux que mon équipe RH comprenne qu'il y a quelque chose qui ne tourne pas rond dans cette pratique. En gros, chacun a un contrat de travail, vient chaque jour au travail, mais trouve toutes les ficelles possibles pour venir travailler le moins possible.

Je me lance donc un matin dans une campagne d'assainissement des pratiques d'absentéisme et demande à Madame Bertille qu'à partir de ce jour-là, elle me communique, chaque jour, au hasard de l'arrivée du courrier, les feuilles violettes qui nous parviennent, et qu'elle convoque les salariés concernés.

Pas franchement enthousiaste, Madame Bertille…

Le premier salarié sur qui cela tombe est justement un des gros consommateurs de jours d'arrêt de maladie, et de la « récupération des congés » ; et pour compléter le paysage, il s'agit d'un leader syndical…

Avec lui, c'est certain, les retombées vont aller au-delà d'une simple note de service : buzz assuré ! La communication indirecte dans ce genre de circonstances est souvent très efficace.

À l'heure dite, je vois donc arriver Raymond.

Je lui montre sa feuille violette, et engage la conversation :

« Dites-moi, Monsieur Raymond, qu'est-ce qui est écrit en haut de cette feuille ? »

Raymond me regarde, interdit, se demandant ce qui se passe, mais ne répond rien.

Je lui montre de nouveau la feuille violette et insiste :

« Monsieur Raymond, qu'est-ce qui est écrit en haut de cette feuille ? »

Raymond me regarde, les yeux dans le vague, se demandant où je veux en venir, mais ne dit toujours rien.

Je lui re-re-montre la feuille violette et insiste lourdement :

« Monsieur Raymond, qu'est-ce qui est écrit en haut de cette feuille ? Vous ne savez plus lire ? Rassemblez vos esprits… Faites un effort… nous n'allons pas y passer la nuit… »

Raymond me regarde, de plus en plus inquiet, avec la mine de celui qui se dit qu'il va bien falloir qu'il se mette à lire cette p… de feuille violette, mais sans avoir la moindre idée de ce qui va se passer après…

« Alors, Monsieur Raymond, ça vient ? »

« Ben… C'est écrit Arrêt de travail. »

« Tout à fait d'accord, il est écrit Arrêt de travail… il n'y a donc pas écrit Arrêt de congé ».

Raymond reste planté comme un poireau et ne répond rien.

Je lui explique que la pratique de la récupération des congés est en train de prendre fin. Ce sera officiel après le débat que nous aurons sur ce sujet au CE, et la dénonciation de l'usage qui suivra.

Là où je me suis trompé, c'est sur la communication que j'attendais du syndicat. Je me suis aperçu que Raymond n'avait rien dit de cet épisode.

Je vous laisse en imaginer la raison…

Et de fait, l'affaire passa comme une lettre (pas violette) à la poste.

Beaucoup de bruit pour rien

Le téléphone sonne… je décroche et reconnais la voix de Joseph, le directeur d'une des grosses unités d'affaires (strategic business group en franglais…) de la Société.

Joseph est un homme qui veut tout le temps être gentil avec ses collaborateurs, et l'ayant bien compris, ceux-ci essaient en permanence d'obtenir des avantages et des dérogations aux règles de la Société. Surtout quand il y a de l'argent à gratter, en particulier sur les questions de déplacements, de remboursements de frais, de mutation, etc.

Pas vraiment à l'aise pour négocier sur ce genre de questions, Joseph pratique sans vergogne la mise devant le fait accompli et demande ensuite que la Direction soit solidaire de l'engagement qu'il a pris. Je l'ai prévenu à plusieurs reprises qu'il y aurait un jour une « dernière fois » à cette pratique… et qu'une fois cette « dernière fois » arrivée, il n'y aurait plus de « prochaine fois ».

Et le jour de la « prochaine fois » arrive.

Enhardi par les succès, même modestes, qu'il a déjà remportés, Joseph oublie mes mises en garde et se montre de plus en plus gourmand. Il entreprend même de me faire avaler une très grosse exception sur la politique de mobilité de la Société.

Il m'appelle.

Une longue conversation s'engage : lui, plaidant sur le registre du sentiment ; moi, sur celui du respect des règles signées avec les organisations syndicales. Constatant qu'il ne parvient pas à ses fins, il change brusquement de registre et pique une de ses célèbres colères !

Car il est coutumier du fait. Lorsqu'il ne parvient pas à emporter l'adhésion de ses interlocuteurs par la raison, il se met en colère. Colère qui lui permet la plupart du temps d'arriver à ses fins.

Il se met à hurler si fort que je pose mon téléphone et branche le haut-parleur pour continuer à suivre ses propos. Marie, mon assistante, passe la tête dans mon bureau :

« Excusez-moi, Monsieur, mais ce n'est pas terrible ce qu'il est en train de faire, Joseph, surtout pour l'exemplarité. Je crois qu'il faudrait que vous y alliez... »

Je quitte mon bureau pour me rendre chez Joseph, sans pour autant raccrocher.

« Allez-y, je guette », me dit Marie...

Le bureau de Joseph est à l'étage au-dessus du mien. En arrivant dans le couloir, je m'aperçois, chose inhabituelle, que toutes les portes des bureaux sont fermées.

Je frappe à la porte de son assistante, j'entre et lui dis que je souhaite voir son chef.

« Mais vous l'entendez ! Ce n'est pas possible... » me dit-elle.

« Ce n'est pas grave, Madame, c'est après moi qu'il crie... »

Je frappe à la porte intérieure de son bureau, celle de l'accès par le secrétariat, et j'entre...

Je m'avance jusque devant son bureau et m'arrête en le regardant droit dans les yeux...

Il continue de crier contre moi... et réalise tout à coup que je suis là, devant lui, en chair et en os ! Il s'arrête net de crier et même de parler. Il est sans voix. J'enchaîne sur l'objet de notre échange et lui rappelle une dernière fois que les règles, dans l'entreprise, sont faites pour être appliquées.

Il ne répond rien, toujours muet. Je repars, mais avant de quitter son bureau, par la porte du secrétariat, je me retourne et lui glisse simplement que ce qu'il vient de faire est inqualifiable pour un dirigeant de son niveau, qu'il vient de ruiner sa crédibilité vis-à-vis de ses équipes et qu'il va devoir beaucoup ramer pour la regagner.

Je salue son assistante en repartant, et en arrivant dans mon bureau, Marie m'accueille avec un large sourire et me dit : « j'ai raccroché le téléphone, Monsieur… ».

La proie

« Chef, il faut que je vous parle, c'est important. »

Sophie, la jeune Responsable des Relations humaines du siège, vient d'entrer dans mon bureau. Je vois tout de suite qu'elle n'est pas dans son assiette. Quelque chose d'inhabituel a dû se produire…

« Vous connaissez Floriane Breton, la jeune cadre RH qui a été recrutée par la Division Industrie Grand-Public. Elle est là depuis deux mois et il se trouve que j'ai déjeuné avec elle aujourd'hui. Côté intellect, elle fonctionne plutôt bien, mais je la trouve encore très fragile dans ses relations, notamment avec sa hiérarchie. Elle a une allure très "propre sur elle", toujours tirée à quatre épingles, pas une mèche qui dépasse. Avec un chef comme le sien, ça ne va pas le faire, et elle va finir par passer à la casserole ! »

« Vous allez peut-être un peu vite en besogne, Sophie ? »

« Je ne pense pas… Je ne vous en ai jamais parlé, mais je l'ai déjà remis à sa place ! Si je ne l'avais pas sérieusement bloqué, il se croyait en pays conquis ! Avec lui, ça commence par des discours charmeurs, et puis ça glisse doucement vers le lourd et le pesant, avant de verser carrément dans le glauque et le graveleux. Il n'est que dans le rapport de force. En agissant ainsi je sais qu'il me fichera la paix. »

« Vous avez dû taper juste, car, effectivement, je n'en ai jamais entendu parler. Et Floriane dans tout ça ? »

« Elle est une proie idéale ! Je vous assure… »

« Alors… vous proposez quoi ? »

« En fait, rien… parce que c'est déjà fait ! Mais il faut que je vous raconte, parce que je vous ai mouillé sans vous demander votre avis ! »

« Ah, quand même ! Je vous écoute. »

« En déjeunant avec elle, j'ai trouvé qu'elle n'allait pas bien… et puis j'ai réussi à la faire parler : elle sent que son chef a commencé ses travaux d'approche et elle ne sait pas comment s'en dépêtrer. Pour le moment, il s'en tient aux propos gentils limite sirupeux… Alors, je me suis lancée, me souvenant que vous m'avez assuré de votre soutien inconditionnel dans mes responsabilités, quitte à laver ensuite le linge sale en famille.

Je lui ai dit la chose suivante : si ton chef te manque de respect, par ses gestes ou par ses propos, tu as deux choses à faire, et seulement deux… Tu lui balances d'abord la plus belle paire de claques que tu aies jamais donnée ; ensuite, tu descends me voir illico pour que nous en parlions à Monsieur Airache. Il n'est pas encore au courant, mais je sais que, dans ce type de circonstances, il te soutiendra. »

Cette manifestation de soutien a certainement produit son effet sur Floriane.

Mise en confiance et se sentant soutenue, elle a dû changer d'attitude et son chef a dû le sentir, parce qu'il est rapidement revenu à une attitude strictement professionnelle.

Réflexions…

Le métier des RH exige que nous osions « dire les choses ».

Mettre en confiance le manager est important pour qu'à son tour il mette en confiance les membres de son équipe.

Face à n'importe quel type de harcèlement, agir est une nécessité. En se sentant soutenue, Floriane a coupé court à une situation malsaine qui l'aurait rongée, et aurait peu à peu gangrené son travail et l'ambiance du service.

Le fusil à un coup

La Société va mal, très mal. L'explosion de la bulle internet est en train de la précipiter au fond du gouffre. Comme souvent en pareille circonstance, l'actionnaire change le Président. Celui qui a fait doubler la taille de l'entreprise ne sera pas celui qui va la réduire de moitié.

Le nouveau Président est un industriel, un homme qui a les pieds dans le réel. Moins intello que son prédécesseur, il ne s'abîme pas en circonvolutions : il va droit au but.

Trois semaines après son arrivée, à la fin d'une réunion, alors que nous nous attardons quelques instants sur l'état catastrophique de l'entreprise, il me dit :

« Tu connais l'entreprise mieux que moi. Tu sais dans quelle situation elle se trouve. Il y a tellement de choses à faire et à faire vite… Vu de ta fenêtre, quelles sont les deux ou trois choses importantes et urgentes à faire tout de suite ? »

J'ai heureusement anticipé ce type de questions et prévenu mon DRH Groupe de la réponse que j'apporterais si le nouveau Président sollicitait mon avis sur le sujet :

« Ce que j'ai à te dire est très délicat… et pas facile… Je vois deux choses à faire tout de suite : il y a deux grands barons, présidents de filiales, à faire sortir. »

« …Heu…Pardon ? »

« Il s'agit de X… et Y… »

Sur ma lancée, j'explicite et argumente ma position en trente secondes chrono. Tous deux roulent pour leur intérêt et contre le groupe et ne s'en cachent pas. En gros, ils font des trous dans la coque pendant que nous tentons par tous les moyens de sauver le navire. Cette attitude est inacceptable de la part de dirigeants de ce niveau, tant au titre de l'exemplarité, que dans les circonstances dramatiques que traverse l'entreprise.

Le Président : « Aie… »

Mon DRH Groupe, qui assiste à la conversation, opine du chef.

Un mois après, X… est dans mon bureau pour envisager son départ.

Une semaine après lui, c'est au tour de Y.

Épilogue

On pourra toujours m'objecter que j'ai été totalement inconscient ou complètement fou d'avoir osé faire ce que j'ai fait. Mais, je vous pose une question : le Président d'une entreprise n'attend-il pas de ses collaborateurs qu'ils se mouillent ? Si les arguments sont bons, et que la décision s'impose, pourquoi la contourner ? Il faut parfois faire preuve de courage quand la cause est noble.

Après cet épisode, le Président m'a donné des marques d'une confiance sans faille. J'avais carte blanche pour toutes les négociations à mener, et j'ai essayé de ne pas trop la salir…

Le distributeur de tracts

Ma petite équipe RH a coutume de se retrouver régulièrement au restaurant d'entreprise pour déjeuner. Je descends donc vers 12 h 30 pour les rejoindre quand je tombe sur Monsieur Marcel, représentant du personnel de son état. Il s'affaire à distribuer des tracts.

Jusque-là, RAS.

Handicapé d'une jambe, Monsieur Marcel a fait aménager son poste de travail. La station debout lui est particulièrement pénible.

Là encore, RAS.

Sauf qu'il est 12 h 30 et que, renseignements pris, cela fait déjà une demi-heure que Monsieur Marcel distribue des tracts, debout devant l'entrée du restaurant d'entreprise.

Notre déjeuner RH se poursuit, dans ce climat détendu et cette bonne humeur qui rendent ce moment toujours précieux. Mais toutes les bonnes choses ont une fin et au bout d'une heure, nous reprenons le chemin de nos bureaux.

Et là, en sortant du restaurant, qui vois-je ? Monsieur Marcel, toujours debout, qui taille la bavette avec des salariés tout en continuant à distribuer ses tracts.

Je regarde ma montre : il est 13 h 30 passées. Cela fait donc plus d'une heure que Monsieur Marcel tient cette position d'habitude si inconfortable pour lui.

Je m'approche alors de lui, salue les salariés qui l'entourent, et engage à mon tour la conversation.

« Bonjour Monsieur Marcel, cela me fait plaisir de voir que vous allez beaucoup mieux ! »

« Beaucoup mieux… ? »

« Ben oui, cela fait plus d'une heure que vous distribuez vos tracts devant le restaurant, debout… »

« Et alors… ? »

« … Alors que vous ne pouvez pas rester plus de 10 minutes debout devant votre machine… »

« C'est pas pareil ! »

La petite foule rassemblée autour de Monsieur Marcel se disperse et nous voilà maintenant en tête à tête.

« On peut toujours dire qu'il y a station debout et station debout… et que tout dépend de ce que l'on fait et de l'intérêt que l'on porte à ce que l'on fait. Mais, quoiqu'il en soit, cela fait plaisir de voir que vous allez vraiment beaucoup mieux, et que vous n'êtes plus obligé de vous asseoir toutes les 10 minutes lorsque vous travaillez, car, là, en tant que représentant du personnel, vous êtes en train de travailler… C'est votre responsable hiérarchique qui va se réjouir de cette nouvelle. »

J'en profite pour évoquer d'autres sujets. Nous continuons à échanger encore un bon quart d'heure, toujours debout devant le restaurant d'entreprise. Monsieur Marcel ne montre toujours aucun signe de fatigue.

Arrive le moment où nous prenons congé l'un de l'autre.

Et jamais plus on ne revit Monsieur Marcel distribuer des tracts devant le restaurant d'entreprise.

Le grand chef et les femmes
Épisode 1

Sur l'organigramme, Thomas est chef, et même « Grand chef ».

Il y est arrivé comme souvent dans notre beau pays de France, parce qu'il a fait de brillantes études supérieures.

Cocoricoooooo !

Il a intégré une grande école, pardon, une très Grande École, et en est sorti dans les dix premiers.

Respect !

Sur sa lancée, il réussit à convaincre sans peine ses hiérarchies successives de ses qualités, au point d'occuper à 37 ans une responsabilité très haute dans l'organisation. Bref, le prototype parfait du « TBJHP » (Très Brillant Jeune Haut Potentiel, à ne pas confondre avec le Très Beau Jeune Homme Poli).

Mais cela suffit-il pour être un « patron », un vrai ? Brillante mécanique intellectuelle pour les uns, doté d'une rapidité d'analyse hors normes pour les autres, Thomas sait tout sur tout et avant tout le monde, a un avis éclairé et tranchant sur tous les sujets qui passent à portée de ses neurones, affiche une assurance sans faille et laisse sans voix la plupart de ses interlocuteurs.

L'estime qu'il porte à ses collaborateurs est à la hauteur du personnage, c'est-à-dire inversement proportionnelle à celle dont il se gratifie.

« Que veux-tu qu'ils m'apprennent ? Ils ont à peine leur certificat d'études », me dit-il un jour, alors que je tente, incorrigible naïf que je suis, de lui suggérer d'écouter davantage ses collaborateurs. Et d'ajouter, comme si ce n'était pas suffisant : « En fait, franchement, ils ne me servent à rien. Le temps qu'ils aient fini de poser leur question, je leur ai déjà fourni trois réponses ! Tu vois, sans me vanter, je fais leur boulot ! »

Je ne peux m'empêcher de penser, en le regardant, que ses collaborateurs finiront un jour par lui apprendre la vie…

Mais nous n'en sommes pas encore là…

Un jour, Thomas m'invite à l'accompagner pour visiter un nouvel atelier de mécanique dont l'effectif est composé principalement de femmes !

« Tu viens, on va visiter le parc à moules. »

Je m'étouffe ! Jamais, au grand jamais, de toute ma vie de DRH, je n'ai entendu une expression aussi insultante et méprisante. Cela dépasse l'entendement ! Il voit, à ma tête, que sa formule n'a pas provoqué un grand enthousiasme, mais nous voilà déjà arrivés dans l'atelier sans que j'aie pu dire quoi que ce soit.

Cette visite a pour but de me montrer les nouvelles machines et la nouvelle organisation de la production. Pourtant, elle prend à partir de là une autre dimension. Je découvre un homme gauche dans ses relations, qui s'adresse aux ouvrières sans même les regarder, saluant mécaniquement, et serrant des mains du bout des doigts.

Une vraie catastrophe !

Inutile d'ajouter qu'une fois revenus dans son bureau, ma tentative de lui faire toucher du doigt le champ de progression possible de son relationnel, sinon la lourdeur de ses propos, échoua contre le mur de sa suffisance et de son cynisme.

Dure la vie…

De toute évidence, notre pimpant Thomas est un infirme en relations humaines. C'est sûr, ce n'est pas une matière qu'il a dû passer pour décrocher une étoile à son palmarès. Va falloir bosser Thomas pour obtenir une réputation de manager de confiance. Encore faut-il que tu en aies conscience… et envie. Et ça, c'est une autre histoire…

À suivre…

Le grand chef et les femmes
Épisode 2

À quelque temps de là, la cigogne le prie.
Volontiers, lui dit-il, car avec mes amis, je ne fais point cérémonie.

Le renard et la cigogne – Jean de La Fontaine

À l'heure dite, il arrive tout pétillant pour sacrifier au rituel de la revue annuelle des salaires. Objectif : présenter des propositions d'augmentations pour son équipe.

Nous passons en revue l'ensemble de son effectif, lui chargé d'argumenter, d'expliciter et de mettre en perspective chacune des propositions, moi, chargé de le questionner, d'apporter la contradiction, de mettre en évidence les éventuelles incohérences :

« Tu as vu, ça tient parfaitement dans mon budget ! »

« Mouais… »

« Quoi, mouais ? »

« Il y a un truc qui me chiffonne : tu viens encore de me dire grand bien de Madame Lenoir, et je constate que tu ne proposes aucune augmentation pour elle. »

« Oui, elle est très bien Madame Lenoir. »

« Et alors ? »

« Ben, elle n'est pas là. »

« Comment ça, pas là ? »

« Ben oui, elle n'est pas là. »

« Elle est malade ? »

« Non, elle n'est pas malade. »

« Elle a eu un accident ? »

« Non plus. »

« Arrête de tourner autour du pot et explique-toi un bon coup ! »

« Ben, voilà, euh… elle est en congé de maternité… »

« Et alors, ça l'a rendue idiote ? »

« Euh… »

« Si elle avait été là, tu lui aurais donné combien ? »

« 5 ou 6 % »

« 5 ou 6 % ? Bravo ! Alors banco pour 6 % !

« Tu as raison, banco pour 6 % ! »

« Oui, mais il faut que ça tienne dans ton budget. Et comme nous sommes le dernier jour avant le passage en paie, tu as une heure pour refaire ta copie avec les 6 % de Madame Lenoir. »

Une heure après

« Voilà, c'est bon ! »

« Très bien, et pour que cela soit parfait, il va falloir que tu lui annonces ta décision en l'appelant au téléphone, puisqu'elle n'est pas là. »

Il s'en va sans répondre…

Quelques mois plus tard

« Bonjour Monsieur, je peux vous voir un instant ? »

Madame Lenoir vient de passer la tête dans mon bureau…

« Quelle bonne surprise ! Vous êtes de retour ? »

« Oui, j'arrive à l'instant. Je viens de passer au service RH pour les formalités de reprise. »

« Comment va bébé ? »

« Très bien, merci. Mais ce n'est pas pour cela que je voulais vous voir. Je veux vous remercier. »

« Me remercier ? »

« Oui, je veux vous remercier, car je connais mon patron. Je sais très bien que si j'ai eu une augmentation alors même que j'étais en congé de maternité, ce n'est pas à lui que je le dois. »

Mon Dieu ! Aurait dit ma grand-mère qui était une femme pieuse…
Qu'est-ce qu'il avait fait… ou pas fait ?
Qu'est-ce qu'il avait dit… ou pas dit ?
Je n'ai pas su faire autre chose que la regarder en souriant.

Le grand chef et les femmes
Épisode 3

La fête bat son plein. Nous sommes à la mi-décembre, et le fameux dîner de la Division « Techniques avancées » tient ses promesses : ambiance détendue avec rires et danse au menu. Pour être en phase avec le contexte professionnel, les chefs ont été invités et ont été placés à la même table. Comme souvent en ces circonstances de convivialité institutionnelle, la conversation est un peu superficielle.

Est-ce l'influence de l'ambiance chaleureuse ? Ou celle du bon vin (à consommer avec modération bien sûr !) ? Je ne sais pas, mais nous sommes obligés de supporter les dissertations de notre cher Thomas sur le fait qu'il ne va pas tarder à partir, parce que « on » l'attend, le tout appuyé de sous-entendus tellement répétés et explicites, que nous en sommes presque à savoir avec qui il a rendez-vous, où et à quelle heure.

Et bla bla bla.

Thomas insiste et ses sous-entendus sont de plus en plus lourds. Ses propos sont à la limite du graveleux. Alors, c'est un grand OUFFFFFFFF de soulagement général quand il décide enfin de lever l'ancre. Mais c'est plus fort que lui, et il ne résiste pas à une dernière cantonade, dont chacun comprend le double sens :

« Quand faut y aller, faut y aller ! »

« Ma parole, il va à la saillie, cet abruti ! » marmonne un de ses proches collaborateurs.

À quelque temps de là, deux circonstances, étrangères l'une à l'autre, vont le pousser à mettre en sourdine son attitude provocatrice et insultante envers les femmes.

La première

À l'occasion d'une revue de personnel de son équipe, il repart dans ses grandes envolées :

« C'est vrai, quoi, elles font chier avec leurs gosses, toujours absentes ! »

Trop, c'est trop… :

« À ce propos, Thomas, ôte-moi d'un doute, ta mère, elle a accouché ou bien tu as débarqué directement de la planète mars ? »

Ce fut notre dernier échange sur la question des femmes et du travail.

Quelque temps après, mes informatrices m'apprennent qu'il commence à adopter une attitude plus correcte. Mais les progrès ne sont jamais linéaires, vous le savez bien…

La deuxième

Je reçois un jour la visite d'une jeune femme, cadre au Contrôle de Gestion.

Ce qui est terrible avec lui, me dit-elle, c'est qu'il a toujours le regard qui traîne, et qu'il reste encore dragouilleur dans les couloirs. D'accord, on a toutes remarqué qu'il avait un peu changé ces derniers temps, mais il faut quand même que je vous raconte ce qui s'est passé la semaine dernière.

Il est 19 heures ; il est seul dans son bureau et il ne reste que moi dans le service. Je décide d'aller le voir. J'entre dans son bureau, avec une démarche inhabituelle, disons un déhanché un peu appuyé… et je lui dis :

« Thomas, arrêtez de tourner autour du pot, ayez un peu de courage, que diable… alors, c'est quand que vous m'invitez à dîner ? »

Déstabilisé, il se met à rougir comme un débutant, se retranche derrière son bureau, cramponné aux accoudoirs de son fauteuil. Je pousse alors le bouchon un peu plus loin.

« Vous savez, je suis très ennuyée… il circule des rumeurs comme quoi nous aurions eu des relations… très intimes… vous voyez… comme quoi nous aurions couché ensemble… L'ennui, c'est que je n'en ai aucun souvenir ! Alors je vous propose une chose… soit nous recommençons un bon coup… et comme ça je m'en souviendrai, soit vous faites taire les rumeurs ! »

Et les rumeurs se sont tues…

Les pires moments de la vie d'un DRH

DRH assassin ?

Le siège est touché par un licenciement économique ; 60 postes doivent être supprimés.

Germain est sur la liste, et comme tous les autres il ne le sait pas encore.

Une fois la procédure terminée, le service RH procède à l'envoi, en courrier RAR, des lettres de licenciement.

Le lendemain, alors que nous n'avons pas encore reçu les accusés de réception, nous recevons un faire-part de décès : Germain est brusquement décédé d'une crise cardiaque.

Quelques esprits chagrins tenteront, vainement, d'imputer la crise cardiaque de Germain à la réception de sa lettre de licenciement. Cette lettre nous reviendra plus tard, non ouverte.

DRH menacé

Philippe exerce la fonction de DRH dans une belle usine de la métallurgie (mécanique automobile) et il doit faire face à des « partenaires sociaux » particulièrement virulents.

Régulièrement, il reçoit des menaces, des lettres anonymes, mais jamais il ne cède à la pression.

Une nuit, vers 2 h du matin, il est réveillé par plusieurs coups de feu.

Il se précipite dans la rue et aperçoit une voiture qui démarre en trombe. Impossible de l'identifier.

Il rentre chez lui, s'arrête dans son jardin et s'aperçoit que la façade de sa maison est criblée de chevrotines !

Il fait venir les gendarmes qui constatent, ouvrent une enquête, en vain…

À compter de ce jour, les menaces cessèrent et Philippe et sa famille purent à nouveau vivre en paix.

DRH surveillé

Aristide est DRH depuis 6 mois dans un grand port méditerranéen.

La situation sociale est tendue et les organisations syndicales ont entamé une « lutte d'influence » pour venir à bout de ce petit nouveau (1,58 m et 52 kg) qui a entrepris de rappeler à tout le monde que la Direction est faite pour diriger et pas pour exécuter les ordres des syndicats.

Il résiste aux menaces et aux intimidations.

Ayant eu le sentiment d'être suivi en rentrant chez lui, il prévient sa femme et ses enfants.

Bien lui en a pris…

Un jour, vers la fin de l'après-midi, deux « techniciens en bleu de travail et sacoche à outils » descendent d'une camionnette à l'enseigne d'une entreprise de télécom, et sonnent.

C'est l'un des fils d'Aristide qui vient ouvrir ; il appelle sa mère :

« Maman, il y a deux messieurs qui viennent pour le téléphone ».

« Le téléphone ? »

« Bonsoir Madame, nous venons pour faire des vérifications sur le téléphone parce que plusieurs personnes dans le quartier nous ont signalé des problèmes sur leur ligne. »

« Notre téléphone fonctionne très bien, je vous remercie. »

« S'il vous plaît, Madame, permettez-nous, puisque nous sommes venus exprès pour cela, de faire la vérification. »

« Soit, dit-elle. »

« Ce sera rapide. »

Ils démontent le téléphone, inspectent le câble et grimpent enfin à un poteau téléphonique dans la rue.

« Tout est en ordre, Madame, merci de votre compréhension. »

Les deux techniciens remontent dans leur camionnette et s'en vont.

« Dis, m'man, fait l'un des garçons, j'ai regardé le type qui a ouvert le téléphone ; j'ai l'impression qu'il a fait des trucs bizarres. »

« Ouvre-le, tu verras bien. »

Le fils (13 ans) démonte le téléphone et trouve un truc curieux. Il va chercher l'autre appareil de la maison, identique au premier, et compare… le téléphone « inspecté » à une pièce en plus, placée au niveau du micro.

Sur ces entrefaites, Aristide rentre du travail ; sa femme lui raconte la visite des techniciens et son fils lui montre la « pièce en plus ».

Après vérification, Aristide aura la confirmation qu'il s'agit d'un appareil de type « écoutes téléphoniques ».

Quant à l'entreprise dont le nom figurait sur la camionnette, elle maintiendra qu'elle n'a jamais envoyé personne à cette adresse…

DRH trahie

DRH qui arrive dans une entreprise de la chimie, et à peine arrivée, prise dans un incendie social : crise qui couvait depuis bien longtemps mais que tout le monde avait pris soin de lui cacher à l'embauche. Merci patron !

DRH qui se fait brutaliser un soir de décembre 2009, entraînant un arrêt de travail de huit jours.

DRH qui finit en correctionnelle 6 mois plus tard pour entrave.

Afin de faire mentir l'adage « jamais deux sans trois », elle démissionne peu de temps après.

L'histoire ne nous dit pas si sa nouvelle entreprise s'est montrée plus « transparente »…

Un ingénieur au pays des RH

Le DRH du groupe veut tenter l'expérience. Il fait venir un ingénieur expérimenté au service « Développement des ressources humaines ».

Si le premier abord est plutôt engageant, le brillant ingénieur va se révéler être une catastrophe industrielle. En six mois, il réussit l'exploit de dresser contre lui non seulement les équipes de la DRH, mais aussi les ingénieurs de la maison !

Son principal défaut : prendre ses interlocuteurs de haut, mais vraiment de très haut ; nous l'avons pressenti au recrutement, mais nous avons fait le pari qu'il évoluerait au contact des réalités du monde industriel. Pari perdu. Notre Eusèbe continue de toiser les autres, vous savez… ces êtres qui lui arrivent tout juste à la cheville ; et à force de toiser les autres, il s'est un jour fait toiser.

C'est l'histoire de l'arroseur arrosé.

Je le convoque à l'entretien préalable.

Eusèbe entre dans mon bureau en bombant le torse, et s'étonne que je sois seul. Je n'étais pour lui, manifestement qu'un pauvre DRH du siège ; il s'attendait probablement à être reçu par Dieu le Père.

« Je ne sais pas si je suis au bon niveau ; je ne vais pas rester », me dit-il en se tenant debout.

Il a vraiment tout compris…

« Vous faites ce que vous voulez, mais sachez que ma signature suffit à vous faire partir ; vous avez 5 secondes pour vous décider. »

Il s'assied. Et tout l'entretien ne fait que confirmer qu'il doit quitter l'entreprise au plus vite.

De sa hauteur, il tente de renverser l'entretien, suggérant qu'il serait plus efficace à mon poste.

Pauvre garçon.

Confirmation :

Le recrutement est loin d'être une science exacte…

Autre leçon :

La première impression est souvent la bonne. Fiez-vous à votre intuition de DRH.

Départ la tête haute !

Les entretiens préalables de licenciement, en dépit du soin que l'on peut apporter à les préparer, sont souvent pleins de surprises…

Je reçois un jour deux managers du service informatique, le Directeur et un de ses chefs de service. Ils sont venus me demander, bras dessus bras dessous pour se donner du courage, de procéder au licenciement d'Antoine, d'un des cadres du service.

« C'est un type expérimenté, même très bon technicien, mais totalement ingérable ». Le patron a ouvert le feu.

Le chef de service renchérit : « Antoine n'en fait qu'à sa tête ! Il ne respecte aucune procédure et travaille en solitaire sans rien documenter. »

Je me hasarde : « Si vraiment c'est un bon, ça va être compliqué. »

Le chef de service insiste : « C'est vrai, mais son exemple est désastreux auprès de ses collègues qui se demandent pourquoi lui peut se permettre de ne pas respecter les consignes de travail communes et de les mettre dans la "soupe" ».

Afin de garder de la souplesse dans la décision qu'il faudra prendre ensuite, et de passer déjà un message à l'intéressé, je le convoque à un entretien « préalable à une sanction pouvant aller jusqu'au licenciement ».

Ses managers participent à l'entretien. Ils arrivent ½ heure en avance ; ils sont pâles et mal à l'aise ; j'utilise ce temps qui m'est donné pour faire du « préchauffage » : rappel de la procédure, rappel des expressions recommandées ou « interdites », parler lentement, rester factuel, n'entrer dans aucune polémique, laisser le pilotage de l'entretien au DRH… bref le minimum pour éviter de transformer ce genre d'entretien en naufrage.

À l'heure dite, Antoine arrive, seul.

Les salutations d'usage sont sobres. Nous prenons place autour de la table de réunion et là, Antoine attaque :

« Je tiens à préciser, avant d'écouter ces messieurs, que je n'ai pas souhaité me faire accompagner parce que je suis assez grand pour me défendre tout seul, surtout vu le niveau de mes managers. »

Comme s'ils venaient de prendre un coup au foie, les deux managers sont sonnés. Je prends la parole et m'adresse à Antoine pour situer l'entretien dans le cadre de la procédure légale. J'y vais lentement pour laisser un peu de temps de récupération aux deux managers abasourdis, mais il va bien falloir qu'ils parlent quand nous allons en venir à l'objet de l'entretien…

« Je vous remercie pour vos explications, elles sont très claires ; j'espère seulement que les explications de mes chefs le seront tout autant, mais ce n'est pas gagné ; messieurs, je vous écoute. »

Les chefs bredouillent tour à tour des mots qui tentent d'exprimer ce qu'ils m'ont dit la première fois : Antoine n'en fait qu'à sa tête, ne respecte aucune procédure et travaille en solitaire sans rien documenter.

« Ce n'est que ça ? Vous plaisantez, Messieurs ! Vous me faites perdre mon temps en me convoquant pour me raconter des balivernes ! »

L'entretien se déroule à « fronts renversés » : les chefs sont dans leurs petits souliers et le salarié sûr de lui ! Antoine continue, un peu comme s'il était en train de faire un entretien préalable pour licencier ses managers :

« J'ai honte de vous entendre tenir de tels propos devant la Direction ; à votre place, je ne serais pas rassuré. »

Puis, Antoine se lève et se tourne vers moi :

« Monsieur le Directeur, je suis désolé que ces deux oiseaux vous aient fait perdre votre temps en vous racontant des sornettes ; je vais donc vous faciliter la tâche : vous me virez, comme ça, ces messieurs seront contents et moi je serai soulagé, car l'idée de continuer à travailler avec des managers de cette espèce me donne la nausée. Monsieur, je vous salue. »

Antoine tourne les talons et quitte mon bureau, tranquillement. Les deux managers sont tétanisés, presque livides, incapables de dire un mot ; je les garde un moment pour leur redonner des couleurs avant qu'ils ne regagnent leurs bureaux, mais il faut quand même y aller :

« Au revoir Messieurs ; prenons quelques jours pour décanter avant de décider. »

Unique, irréel… Mais riche en enseignements…

Jamais dans ma vie, je n'ai vécu un tel entretien.

Vous êtes un nul, je vais vous foutre à la porte !

J'arrive au siège pour la réunion mensuelle des Responsables RH en France. Tous les DRH des usines et la petite équipe du Corporate sont conviés.

Une réunion de famille, studieuse, tranquille, censée permettre de tisser des liens, de faire grandir la confiance, et de rendre homogène la façon dont la fonction RH est incarnée. Bref, un moment de travail sympathique et constructif en perspective.

Sauf que…

Je passe saluer la Présidente avant d'entrer en réunion, pour l'informer que la situation est tendue dans une de nos usines. La nomination du nouveau Directeur tarde parce que la Présidente veut prendre son temps. Ce n'est pas critiquable en soi, mais elle refuse d'entendre que ce retard est interprété par les salariés comme une remise en cause de l'avenir de leur usine, qu'ils savent vieillissante.

Ma visite n'est donc pas particulièrement bien reçue. Connaissant la patronne, je prends soin de ne pas m'attarder pour éviter de me faire violemment harponner pour l'avoir relancée.

J'arrive donc en réunion. Le tour de table de la situation sociale des usines est riche en informations. Le DRH de l'usine sans chef nous confirme que les salariés sont très inquiets, et ajoute même « mais qu'est-ce qu'elle attend pour nommer le successeur, elle ne se rend pas compte que ça peut tourner au vinaigre » !

À cet instant précis – surprise – la porte s'ouvre et la Présidente apparaît.

Sans rien dire, elle s'assied et me demande de poursuivre la réunion comme si elle n'était pas là…

Facile à dire… mais nous continuons.

Je commence à présenter le projet de gestion prévisionnelle des métiers, qui concerne toute la société, mais que nous avons prévu de déployer progressivement, usine par usine ; ce projet fait clairement apparaître que, dès l'origine, la fonction RH est partie prenante, de cette démarche de prospective.

« C'est une idée idiote ! »… la Présidente vient de sortir de sa réserve…

« Vos RH ne connaissent rien à rien à l'industrie, je ne vois vraiment pas ce que vous allez faire là-dedans. Faites votre boulot et mêlez-vous de ce qui vous regarde. »

« Madame, c'est une démarche nouvelle qui a été mûrie en concertation avec les responsables opérationnels. Nous avons toute raison de penser que cela va apporter un souffle nouveau à la façon d'appréhender l'avenir dans notre entreprise. » Mais je me sens un peu seul… mes DRH sont devenus soudainement muets…

« Taisez-vous ! Mêlez-vous de ce qui vous regarde ou je vous fous à la porte. »

« Mais justement, Madame, nous nous mêlons de ce qui nous regarde, c'est-à-dire… »

« Je vous ai dit de vous taire ! Quand je vous ai recruté, on m'avait dit que vous étiez un pro, mais je m'aperçois que vous êtes complètement nul ! Je vais vous foutre à la porte ! »

Tout cela devant mon équipe, 15 personnes qui se demandent ce qui se passe, ou plutôt qui sont en train de se dire que leur chef va passer à la trappe. L'un d'eux tente de dire un mot, mais il s'arrête à la première syllabe, foudroyé du regard.

Quant à moi, perdu pour perdu, je décide de vendre cher ma peau et de résister jusqu'au bout parce que la Présidente n'avait que l'argument d'autorité à opposer à ce projet.

« Madame… »

« Ça suffit… maintenant je vais vous vous foutre à la porte ! »

« … vous êtes la Présidente et si vous voulez me licencier, vous le ferez ; vous allez donc recruter un pro pour me remplacer, mais il vous tiendra le même discours ; vous allez donc le licencier à son tour, et vous recruterez un pro encore meilleur, et il vous dira la même chose ; au bout de 18 mois, vous aurez consommé 3 DRH, payé des indemnités pour, au final, entendre toujours le même discours ; est-ce bien cela que vous voulez ? »

Un silence de plomb tombe sur la salle de réunion.

La Présidente reste muette et me fixe droit dans les yeux avec un air rageur.

Je lui tiens tête en soutenant son regard, et je sens, instinctivement, que la scène ne pouvant pas durer longtemps, le premier des deux qui baissera le regard aura perdu.

Cela dure entre 30 et 45 secondes… Je n'en mène pas large… ces secondes durent une éternité dans ma tête, et tout cela dans un silence de mort…

Brusquement, la Présidente se lève, ramasse ses dossiers sans dire un mot, quitte la salle en renversant sa chaise au passage, et claque la porte avec une violence telle que des personnes à l'étage sortent de leur bureau, inquiétées par le bruit.

Je me retrouve en face de mon équipe, qui vient d'entendre de la bouche de la Présidente que j'allais me faire virer. Autant dire que ma légitimité a disparu et que la réunion est fichue.

Après une pause, dont j'ai bien besoin, nous reprenons quand même la réunion : puisque nous sommes tous là, autant en profiter pour échanger et prendre le temps de déjeuner, avant que chacun ne rentre chez soi.

Au moment de se quitter, l'échange de poignées de main ressemble un peu à un défilé de condoléances dans lequel mes collègues, d'un côté compatissent et de l'autre, s'inquiètent de leur propre sort.

La semaine suivante, je suis invité à déjeuner par le Directeur général et le DRH Groupe.

Absents le jour de ma réunion, ils ont entendu parler de la visite que j'avais reçue et souhaitent savoir comment je vais. Ils veulent aussi me rassurer sur mon avenir.

Cela fait du bien de se sentir soutenu.

Épilogue

Finalement, c'est la Présidente qui a « sauté », pour « gestion défectueuse ».

Quant à moi, j'ai retiré deux choses essentielles de cet épisode :

- Quand on tient tête à son patron, il vaut mieux avoir des arguments en béton.
- Si désespérée que puisse apparaître une situation, tant qu'aucune décision n'est prise, aucune décision n'est prise !

Les choses de la vie

Le chauffagiste

C'est l'histoire d'un ingénieur qui tient une entreprise de chauffage central.

Vu comme ça, tout à l'air normal.

Mais le problème est qu'il est salarié d'une grande entreprise du côté de La Défense et qu'il n'honore que du bout des doigts son contrat de travail, puisqu'il passe son temps à s'occuper de son entreprise.

Pour que cette situation dure le plus longtemps possible, il utilise la panoplie du parfait travailleur fantôme, celui qui ne peut pas être bien loin quand on le cherche parce que :

- Sa veste est sur le dossier de sa chaise ;
- Son portefeuille est sur son bureau ;
- Son armoire et ses tiroirs sont ouverts ;
- La porte de son bureau est ouverte.

Il se montre de temps en temps, claque quelques portes, participe à des réunions.

Cela aurait pu durer encore quelque temps, parce que son chef avait renoncé à le faire travailler.

Mais patatras !

Il voit arriver un nouveau chef.

Trop sûr de lui, le salarié fantôme continue son manège, jusqu'au jour où son nouveau chef le prend en flagrant délit au moment où il dispose sa panoplie. Imprudence fatale.

C'est le vrai salarié qui sera licencié, pour ne pas avoir exécuté de bonne foi son contrat de travail.

Question de point de vue

« Vous comprenez, me dit-il, lorsque j'arrive en voiture et que je vois la Tour qui grossit dans mon pare-brise au fur et à mesure que je m'approche, je prends peur et je fais demi-tour. »

Moyennant quoi cela fait de nombreuses semaines qu'il ne vient plus travailler…

Je veux en avoir le cœur net et demande à notre assistante sociale d'entreprise de le rencontrer.

Elle vient me voir quelques jours plus tard :

« Le meilleur moyen de le faire revenir sur terre est de le mettre à disposition de pôle-emploi. Changer de travail et d'environnement ne pourra que lui faire du bien. »

Elle revient sur ses pas avant de quitter mon bureau :

« Sinon, je lui ai suggéré de venir par le métro. »

Risque inutile

Les juges prud'homaux ont une oreille plutôt attentive lorsqu'ils examinent les requêtes des salariés ; mais ils font aisément volte-face lorsqu'ils s'aperçoivent qu'à eux quatre, ils ne gagnent même pas la moitié de ce que gagne le dirigeant qui vient se plaindre d'avoir été licencié…

Dirigeants, si cela vous arrive de quitter votre entreprise en « plein accord avec votre patron », n'allez pas vous plaindre devant les prud'hommes ; vous perdrez parce que vous avez un point faible : votre bulletin de salaire.

Fin tragique

Fernand est un brave garçon. Si si !

Seulement, voilà : il a la fâcheuse tendance de faire commerce des petits outils de l'usine. Vous savez, ceux que l'on glisse facilement dans ses poches.

Pris une première fois la main dans le sac, il écope d'un avertissement.

Pensant peut-être qu'après cela son chef ne le surveillera plus, il a la mauvaise idée de… recommencer !

Cette fois-ci, Fernand est convoqué à l'entretien préalable de licenciement.

Il tente de minimiser l'affaire : « juste quelques petits outils ».

Mais c'est la deuxième fois !

Le délai de réflexion passé, et après une longue concertation avec le manager, le DRH envoie la lettre de licenciement.

Fernand va chercher sa lettre.

Que se passe-t-il alors ?

Fernand est un homme fier ; l'entreprise apprendra plus tard qu'il a toujours caché ses petits trafics à son entourage.

Dire à sa femme et à ses enfants qu'il a été licencié est-il au-dessus de ses forces ?

Le « brave garçon » que nous connaissons cache-t-il un autre homme ?

Au milieu de la nuit, dans son garage, Fernand se pend.

Confidences d’une DRH

« À plusieurs reprises dans ma carrière, il m’a été demandé de licencier des salariés sans que l’on me donne le moindre motif. J’ai même entendu une fois cette phrase qui est restée gravée dans ma mémoire : s’il n’y a pas de motifs, invente-les, tu es payée pour ça.

Alors que j’avais jusque-là docilement avalé toutes les couleuvres que l’on m’avait présentées, et pas des moindres, brutalement, sans prévenir, celle-ci n’est pas passée. »

Il n’y a pas d’explication rationnelle à mon changement d’attitude ; le caractère provocateur de la formule a peut-être été la goutte d’eau qui a fait déborder le vase ?

S’il n’y a pas de motifs, invente-les, tu es payée pour ça.

L’auteur de cette réplique immortelle occupe, au moins sur l’organigramme, une fonction de grand chef.

Et il me vient l’idée – saugrenue ? – de calmer ses ardeurs… Je me lance ainsi dans un nouvel exercice : la lettre « pro forma ». Je lui concocte un projet de missive « pour la forme » dans laquelle j’invente toutes sortes de choses – c’est ce qu’il voulait – mais pas comme il l’avait imaginé. Je le mouille jusqu’aux dents, je le cite et engage sa responsabilité.

C’était risqué ! Je pouvais me faire virer. Mais non, rien de tout ça, il a pris peur et a renoncé à son projet !

Lorsque je suis rentrée chez moi, je devais avoir une tête spéciale : mon mari et mes enfants m’ont fait remarquer que j’avais un air serein, détendu… l’estime de soi peut-être…

Cet épisode de ma vie de DRH m'a servi de leçon et je me suis mise à travailler autrement parce que quelque chose en moi avait changé et m'avait renforcé. Alors que, jusque-là, je fuyais les licenciements, j'ai pris le taureau par les cornes et je me suis mise à travailler en amont avec les managers, à mener les entretiens sur le terrain exclusivement professionnel, à bloquer les tentatives de règlement de compte des managers, en un mot, à respecter les salariés.

Au point que lorsqu'on m'a de nouveau demandé de « sortir » des salariés, sans aucun motif, je n'ai jamais dit non, mais je ne l'ai plus jamais fait !

J'avais pris conscience que la brutalité de ce genre de demande n'était là que pour cacher la mauvaise conscience des demandeurs et leur sentiment de culpabilité. Et c'est précisément cette culpabilité des demandeurs qui m'a donné des marges de manœuvre pour instruire véritablement les dossiers et au bout du compte ne pas procéder aux licenciements.

Ne pas dire non, mais faire en sorte que la décision du refus vienne de l'autre… Sans en faire un processus, j'ai appris à argumenter sans relâche jusqu'à l'enlisement du dossier. La mauvaise conscience du demandeur fait qu'il devient réceptif aux risques que sa demande fait courir à l'entreprise, voire à lui-même : risque « politique », atteinte à l'image interne et externe, coût de l'opération qui est inversement proportionnel à la véracité des motifs ; et lorsque le manager a pataugé suffisamment longtemps dans sa propre mélasse, il renonce de lui-même.

Le prédateur

Je descends au restaurant d'entreprise et au moment d'entrer dans la salle à manger, je croise un des notables de l'entreprise, Gaétan Foutriquet, Directeur de la communication et porte-parole du Président.

Charmeur, grande gueule, sûr de lui, rien ni personne ne lui résiste.

« Amédée, tu me vires Sandrine… » lance-t-il à la cantonade, pichenette à l'appui. J'ai à peine le temps de lui glisser qu'il faudra quand même qu'il vienne m'en parler, qu'il a disparu au bout du couloir.

C'est du Gaëtan tout craché ! Et pourquoi vouloir se séparer de son assistante, une femme reconnue dans la Société pour son sérieux, sa gentillesse et son professionnalisme. Bizarre, bizarre…

Revenu de ma pause déjeuner, j'explique à Marie, mon assistante de toute confiance, ce qui vient de se passer et l'informe que Gaëtan devrait se manifester pour prendre rendez-vous. Je lui demande d'ici là de mener son enquête pour essayer de savoir ce qui se trame. Eh oui, les assistantes sont souvent les Watson des Sherlock RH !

Deux jours plus tard, Marie débarque dans mon bureau avec une mine contrariée

« Vous ne savez pas ? »

« Non, je ne sais pas Marie, mais je suis sûr que vous allez me le dire. »

« Ce porc a décidé de se séparer de Sandrine parce qu'elle ne veut pas coucher avec lui ! J'ai honte ! Je la connais bien Sandrine, elle est très "famille" – un mari, trois gamins – ce n'est pas son style. »

« Aïe ! il va falloir jouer serré... Marie, vous restez à l'affût des informations, et nous attendons que Gaëtan se manifeste pour prendre rendez-vous. »

Le temps passe. Trois semaines précisément.

Je suis dans mon bureau quand Marie me passe une communication : « j'ai le Président au téléphone, pour vous. »

« Bonjour Amédée, alors, comme ça, la DRH ne sait plus faire de licenciement... »

Il commence fort le patron !

« Bonjour Monsieur, mes collègues me disent souvent que je dois être au livre des records tellement j'en ai fait ! Alors, un de plus ou un de moins... En revanche, je pense que vous avez eu la visite de Gaëtan Foutriquet ! »

« En effet... »

« ... et qu'il a dû vous raconter un certain nombre de choses... »

« Il m'a dit qu'il vous a demandé, il y a trois semaines, de faire un licenciement et que ce n'est toujours pas fait. »

« Exact. »

« Et... ? »

« Il m'a demandé de licencier Sandrine. »

« Sandrine, son assistante ? »

« Oui, Sandrine. Et cela fait trois semaines que j'attends qu'il vienne me dire pourquoi. En attendant, j'ai mené une enquête discrète pour savoir ce qui se passait... »

« Et alors ? »

« Pour le dire de façon simple et directe, Gaëtan veut licencier Sandrine parce qu'elle ne veut pas coucher avec lui. »

« Oh, non... (Soupir de lassitude...) Très bien, Amédée, continuez à faire votre travail. »

Fin de la communication.

Deux mois plus tard, un bref communiqué de la Présidence nous apprend que Gaëtan Foutriquet quitte le Groupe.

Épilogue

Sandrine n'a jamais rien su des intentions de Gaëtan et a poursuivi une belle carrière.

Quant à Marie, dont la discrétion et la qualité de jugement furent déterminantes, elle est la preuve qu'une personne fiable à vos côtés est un cadeau précieux. Sachez bien vous entourer !

Droit dans les yeux

Nous sommes en procès avec une organisation syndicale sur une question touchant à l'accès au local syndical. Toujours prompt à dégainer pour aller en justice, le syndicat a choisi de nous assigner plutôt que d'entrer dans la démarche amiable que nous lui proposons.

Le syndicat a gagné en première instance, mais le jugement nous parait mal ficelé. Nous décidons de faire appel. Et nous découvrons alors que le syndicat a choisi comme avocat en appel une vedette de sa fédération, maître Gaston : stature imposante, voix de stentor, verbe bien aiguisé, sens de la répartie, rhétorique maîtrisée, bref, une pointure.

Nous arrivons à l'audience. Celle-ci se tient dans une salle exiguë d'un modeste palais de justice du sud de la France, où mon juriste et moi trouvons juste la place de nous asseoir, la majorité des sièges ayant été pris par les supporters du syndicat. Par le plus grand des hasards, je me retrouve assis tout près du fameux avocat. Et je sens que notre avocat n'est pas très à l'aise face à son confrère.

L'audience commence et c'est notre avocat qui plaide en premier.

D'emblée, je ne le trouve pas percutant. Ses arguments glissent et l'on s'ennuie à l'écouter. Ayant flairé la faille, maître Gaston s'agite, sort des papiers de sa serviette, remet les papiers dans sa serviette, tousse bruyamment, se mouche, sort sa trousse et ses crayons, fait tomber ses crayons, s'excuse auprès de notre avocat pour sa maladresse, remet ses crayons dans sa trousse en prenant soin d'en faire tomber un, se ré-excuse auprès de notre avocat, se regratte la gorge, au tel point que le Président de la cour d'appel le rappelle à l'ordre.

Mais le mal est fait. Déjà pas dans un bon jour et décontenancé par les gesticulations de son adversaire, notre avocat réalise une prestation vraiment médiocre. J'enrage, en silence, en me disant que perdre en appel dans de telles circonstances serait vraiment trop bête.

Le Président donne la parole à maître Gaston et à ce moment précis, l'envie me prend de lui rendre la monnaie de sa pièce, mais d'une manière invisible, en utilisant un stratagème enseigné des années auparavant en terminale, par mon professeur de philo : « Pour déstabiliser un orateur, tu attrapes son regard, tu le fixes, droit dans les yeux, et tu ne le quittes plus ; l'expérience enseigne qu'ayant senti qu'un regard le suit fixement, il va revenir le chercher de plus en plus souvent, et commencer à perdre le fil de sa pensée ».

Bingo !

En bon orateur, maître Gaston regarde son public et déroule ses arguments avec une autorité que j'aurais aimé voir chez notre avocat.

Moi, je reste concentré sur mon objectif.

À un moment, j'accroche son regard, et je ne le lâche plus. Lui, se sent regardé, revient de plus en plus souvent chercher mon regard, se demande probablement ce que j'ai à le fixer comme ça, jusqu'au moment où il craque : il m'apostrophe, m'invective, me menace, tout cela en pleine audience.

Et moi, je continue à le regarder, droit dans les yeux.

La scène ne dure pas longtemps. Le Président intervient, lui demande de cesser ses agressions, et l'informe que l'audience ne reprendra que s'il m'adresse des excuses.

Faute de quoi il mettra fin aux débats.

Des excuses ! Arrrgh !

Je vois à sa tête que la pastille ne va pas bien passer… mais il est coincé par le Président… Notre homme a de la ressource, et finit par trouver une élégante pirouette pour présenter ses excuses, sous l'œil incrédule de la délégation syndicale venue le soutenir.

Cette audience m'a permis de faire coup double : j'ai vérifié le stratagème de mon prof de philo et la société a gagné son procès !

PS1 : Moralité, tant que ce n'est pas jugé, ce n'est pas jugé !

PS2 : Réfléchissez bien avant de dormir en cours de philosophie, vous pourriez passer à côté d'une information susceptible de vous servir un quart de siècle plus tard !

Le treizième mois

Adèle déboule furieuse au service RH en brandissant son bulletin de salaire.

Nous sommes au mois de juin, le mois du versement de la première moitié du 13e mois. Pour que vous compreniez, la règle que nous appliquons est la suivante : les salariés n'ayant pas au moins 6 mois entiers de présence continue dans la Société perçoivent ce ½ 13e mois au prorata (calculé donc en mois entiers).

Adèle est arrivée le 10 janvier dans la Société. Elle a donc droit à 5/6 du 1/2 13e mois. Cette règle est en place depuis plus de cinquante ans et personne n'a jamais rien trouvé à redire. Et puis, sur ce sujet, les entreprises sont entièrement libres.

Mais Adèle ne l'entend pas de cette oreille ! Elle est venue se plaindre pour imposer SA règle forcément plus avantageuse pour elle !

Elle est reçue par la responsable paie, puis par la RRH de l'établissement qui lui explique de nouveau la règle, prend le temps de faire le calcul à ses côtés. Mais Adèle n'en démord pas et s'énerve :

« Vous n'êtes que des voleuses, des escrocs ! J'ai des textes qui montrent que j'ai raison ! »

« Montrez-nous vos textes, nous allons bien voir. »

Adèle nous montre des extraits de jurisprudence qui sont complètement hors sujet ; mais elle insiste !

Déstabilisée de s'être fait insulter, la RRH vient me voir pour m'expliquer la situation ; je lui propose que nous recevions tous les deux cette jeune femme, ce qui se fait dans la foulée.

Toujours sous l'emprise de la colère, Adèle n'écoute pas un mot de ce que je lui dis et m'insulte à mon tour. C'en est trop !

Je la renvoie illico dans son bureau et appelle son chef pour lui faire part de mon intention d'écrire un courrier de mise en garde à Adèle. Il vient me voir pour en parler. Je le reçois avec les deux personnes du service RH qui ont été insultées. Mais le chef est un mou, un peureux, et il cherche à excuser Adèle.

« Ce n'est pas si grave, elle est jeune et s'est un peu énervée, et puis dans son métier, elle est très bonne… »

La responsable de la paie sort de sa réserve et s'adresse très poliment au chef :

« Si je vous comprends bien, comme ce n'est pas bien grave pour vous qu'Adèle nous traite de voleuses, nous pouvons donc nous adresser à vous dans les mêmes termes sans encourir de sanction. »

Glurp !

Adèle a écopé d'une mise en garde assez vigoureuse, et c'est son chef qui la lui a remise…

La punition au porte-monnaie
Épisode 1

Quentin fait irruption dans mon bureau pour me dire d'un ton vindicatif que Tristan, le p'tit jeune de son équipe de marketing, devrait déjà être dehors si je faisais correctement mon boulot. En gros, il ne fout rien, discute les directives de sa hiérarchie, sème une mauvaise ambiance dans le service. Pas très sympa avec Tristan, le chef !

Il me prévient – c'est gentil – qu'il va le chercher pour le remettre à la disposition de la DRH.

« Pas question ! »

Ma réponse est un peu sèche, mais il faut que je le bloque avant qu'il ne commette l'irréparable.

« Comment ça, pas question ? »

« La seule mise à disposition que je sache faire, c'est la mise à disposition de Pôle-emploi ! »

« Donc vous allez le virer ! »

« Ce n'est pas à lui que je pensais… »

Freiné dans son élan, Quentin ne dit plus rien. J'en profite pour lui raconter comment s'y prendre pour se séparer d'un collaborateur, et pour lui demander de commencer par « faire sa copie » en écrivant de sa blanche main tout ce qu'il a à reprocher à Tristan.

« Vous êtes dingue ! Je n'ai jamais vu faire ça ailleurs ! »

« C'est normal, ce n'est pas votre métier, et qui peut prétendre avoir tout vu ? »

« Peu importe, je vous rappelle que vous êtes là pour faire ce qu'on vous demande ; c'est tout ! »

Il faut dire que Quentin fait partie de ces gens qui « bouffent du RH » comme d'autres « bouffent du curé ».

« Quentin, ce serait bien de ne pas traîner ; revenez me voir la semaine prochaine ! »

Il tourne les talons, furieux, et claque la porte pour manifester son humeur. Mais il revient quand même une semaine plus tard pour me présenter sa copie. Sa « copie » ! Un misérable torche-cul de quatre lignes, sorti de son imprimante et pas signé !

« Je ne peux rien faire avec ça, Quentin, il faut recommencer ! »

Sans plus attendre, il repart et revient une heure plus tard avec une nouvelle version, cette fois-ci de cinq lignes, mais toujours pas signée. Il y aura comme ça trois navettes, mais son texte est toujours aussi inconsistant et toujours pas signé. Lorsqu'il revient, la dernière fois, il jette son papier sur mon bureau :

« De toute façon, je n'irai pas plus loin, il faudra vous en contenter. »

« Admettons, mais il manque votre signature, et sans votre signature, Tristan reste dans la Société. »

Quentin ne peut plus s'échapper ni jouer à l'anguille. La réponse est binaire : il signe ou il ne signe pas. Pour Quentin, signer un tel gloubiboulga c'est comme capituler en rase campagne. Il veut me faire avaler un mauvais texte, anonyme et sorti d'une imprimante pour conserver des marges de manœuvre. Mais c'est raté. De guerre lasse, Quentin finit par signer.

« Ne comptez pas sur moi pour l'entretien préalable, j'ai autre chose à faire. »

« Merci Quentin, je n'en attendais pas tant ! »

Le lendemain, alors que je me demande comment je vais m'y prendre avec un dossier aussi inconsistant, le destin frappe à ma porte : c'est Tristan qui demande à me parler !

« Bonjour Monsieur, il faut que je vous parle, mais sachez que je viens en cachette de ma hiérarchie. »

« Entrez Tristan, et racontez-moi ».

« Excusez-moi, je vais être assez “cash”, mais je n’en peux plus ! »

« Allez-y, dites ce que vous avez à dire comme ça vient ; il n’y a que vous et moi dans ce bureau, et les portes sont fermées. »

« Je ne supporte plus mon chef, je devrais plutôt dire le nul qui me sert de chef. C’est une véritable machine à dégoûter de faire du bon boulot : il s’approprie votre travail plutôt que de vous valoriser, et en plus il faut le flatter pour le bon boulot qu’il a fait ! Il ramène tout à lui, c’est insupportable. »

« Et… ? »

« Je ne souhaite pas rester un jour de plus, mais j’ai trois mois de préavis. Et puis je n’ai pas les moyens de démissionner ; ma femme vient juste d’accoucher de notre premier enfant et je ne peux pas me permettre de ne plus avoir de revenu le temps de retrouver du travail. »

« Merci, Tristan, pour votre franchise. Je vous rappelle sous 48 h pour vous dire si je peux faire quelque chose. »

En temps ordinaire, j’aurais hésité, mais là non ! Tristan m’offre, sans le savoir, le moyen de sortir de la mélasse dans laquelle son chef nous a plongés.

Je vais donc donner satisfaction aux deux, pour le plus grand intérêt de la Société : je décide d’accompagner la démarche de Tristan en le licenciant, tout en prévoyant la signature d’une transaction pour sécuriser un dossier « vide » et laisser une cicatrice à Quentin…

Car Quentin ignore tout de la démarche de Tristan ; il va donc penser qu’il a obtenu satisfaction en me faisant avaler un « licenciement avec un dossier vide ». Sur un plan strictement formel, ce n’est pas faux… sauf qu’il va s’apercevoir que cela va lui coûter bonbon ; et ça, il ne l’avait pas prévu…

En proposant une transaction confortable à Tristan, je fais un heureux qui ne s’attend pas à cela et qui va pouvoir ainsi prendre le temps de chercher du travail tout en s’occupant de son bébé. Mais surtout, je « tape dans le porte-monnaie » de Quentin. Il ne va pas l'apprécier du tout, mais alors pas du tout…

Les cadres dirigeants ont dans leur rémunération une part variable, appelée « bonus », et parmi les indicateurs servant à calculer ce bonus, il y a le fameux P & L – compte de pertes et profits – dans lequel va figurer le montant de la transaction de Tristan.

Et comme ce montant va figurer dans la colonne des « moins », il va venir chatouiller le montant du bonus de Quentin.

Quentin fait une nouvelle fois irruption dans mon bureau pour me dire qu'il n'a pas de budget pour financer des transactions, et que les transactions sont normalement imputées sur le budget de la DRH… et patati, et patata…

Il est drôle, Quentin…

Je lui rappelle que s'il ne veut pas payer le moindre centime, il va devoir garder Tristan dans ses équipes ; et puis, ce n'est finalement pas si cher payé pour se séparer d'un salarié quand on a un dossier vide…

Quentin a avalé le montant de la transaction, et Tristan a quitté la Société, ravi.

Comme quoi, il ne faut jamais désespérer.

Épilogue

Le temps passe, et un jour, Quentin démissionne. Et lorsqu'il vient dire au revoir au service RH, il nous fait, sans le savoir, le plus beau des compliments :

« Je pars parce que dans cette Société, les RH ont trop d'importance : on ne peut pas faire ce qu'on veut, on ne peut pas travailler comme on veut. »

Il est gentil, Quentin.

La punition au porte-monnaie
Épisode 2

Nicolas est un des grands barons dans l'entreprise. Il dirige le secteur des « technologies nouvelles » qui compte dans ses clients les plus belles signatures du monde industriel. Il a entrepris de bouleverser les méthodes de son secteur et de « remettre les pendules à l'heure ».

Ce n'est évidemment pas du goût de tout le monde et il se heurte à Richard, patron de la R&D, un ancien qui connaît son métier sur le bout des doigts et qui fait valoir de très bons arguments à son nouveau chef. Mais Nicolas est le chef et le rappelle à qui veut l'entendre, redoutable aveu de faiblesse qui va encourager Richard à faire monter la pression et à s'opposer aux visées stratégiques de Nicolas, qu'il estime « suicidaires » pour l'entreprise.

Acculé par son Directeur de la R&D, il n'a pas d'arguments techniques à lui opposer. Nicolas va alors utiliser l'argument de celui qui n'a plus d'argument : l'autorité.

Il vient me voir pour me demander le licenciement de Richard, même s'il sait que son dossier est vide et qu'il a tort sur le fond du désaccord. J'essaie de le faire atterrir. Je lui suggère qu'insister n'est pas très bon pour sa réputation. Je lui rappelle que cette affaire est déjà sur la place publique et que tout le monde sait que Richard a raison sur le fond.

Mais il n'en démord pas... et nous nous retrouvons le jour de l'entretien préalable.

Je rappelle la procédure en détail. Je fais tout bien comme il faut et je donne la parole à Nicolas.

« Mon vieux Richard, oublie ce que vient de dire le DRH, et tant pis s'il n'est pas content. Moi, je suis ton patron et je te dis que je ne veux plus voir ta tête. Je décide tout de suite que tu es viré et tu dégages aujourd'hui, un point c'est tout ! »

Le délégué qui accompagne Richard proteste et rappelle ce que j'ai dit au début sur la procédure.

« La procédure je m'en fous, c'est pour le DRH, et tant pis si je lui ai cassé sa baraque. Le patron, c'est moi ! Tu es viré, là, maintenant et c'est sans discussion ! »

Nicolas se lève, me regarde droit dans les yeux, et quitte le bureau !

Je conclus l'entretien avec Richard et le délégué en rappelant la procédure et en spécifiant bien à Richard qu'il doit retourner au bureau, faute de quoi son patron pourra toujours lui reprocher d'être en absence irrégulière !

Il est évident qu'avec un tel entretien préalable pourri par le manager, nous sommes morts si Richard se pointe devant les prud'hommes. Il faut donc l'éviter à tout prix. La seule solution, c'est de négocier une transaction qui coûtera toujours moins cher qu'un mauvais procès. Mais avec un dossier vide et un entretien préalable pourri, l'addition va être salée !

J'avertis le Président, des fois que Nicolas aurait l'idée d'aller lui raconter les choses à sa manière. Pour toute réponse, je reçois un encouragement : « continuez à faire votre travail, Amédée ! »

Je me dis qu'il faut que le départ de Richard laisse des traces chez Nicolas. Je connais Nicolas et il y a une chose qui va lui faire mal : le montant de la transaction va bousculer son « bonus » dans une proportion suffisamment sensible pour qu'il pousse des cris d'orfraie.

Nicolas se cabre et crie qu'il refuse de payer ça.

Mais s'il ne paie pas, il garde Richard et il va falloir expliquer ça au Président.

Je revois une dernière fois Nicolas pour lui redire que son comportement en entretien préalable doublé du vide sidéral de son dossier ont un prix, et que cela va effectivement lui coûter « bonbon ».

De son côté, Richard est étonné du montant généreux de la transaction.

« Richard, quand une affaire est mal engagée, autant essayer de se quitter avec dignité. »

« Certes, Monsieur, et je vous en remercie, mais j'en connais un qui va faire la gueule ! »

« Peut-être, Richard, mais c'est la vie… »

Nicolas va faire une dernière tentative, infructueuse, pour échapper à la « punition au porte-monnaie » en utilisant l'argument le plus éculé qui soit : « je n'ai pas de budget pour financer les transactions, les transactions sont toujours imputées sur le budget de la DRH ».

Pas très imaginatif, Nicolas…

Épilogue

Et comme si cela ne suffisait pas, Nicolas encaissa un dernier coup, et un coup dur : Richard, fort de son expertise et de l'absence de clause de non-concurrence dans son contrat de travail, retrouva assez rapidement un beau poste chez… un concurrent !

La réponse parfaite

Je suis invité à un séminaire sur le thème des restructurations. Je dois intervenir pour présenter le travail que nous avons accompli pour mener à bien une réduction de 50 % des effectifs et de 50 % des sites industriels, en ne mettant personne au chômage.

Je suis venu avec le secrétaire du CSE, un homme remarquable, afin de témoigner de la réalité de la politique de dialogue social menée dans l'entreprise.

Je déroule la présentation, un vrai « péplum » qui captive l'attention des participants. Ils sont si intéressés qu'ils vont nous garder plus de trois heures au lieu de l'heure initialement prévue. Les questions se succèdent : comment peut-on réussir à ne mettre personne au chômage en faisant passer un effectif de 3000 à 1500 personnes ?

Heureusement, j'ai cuisiné ma présentation « aux petits oignons » et toutes les réponses possibles y figurent… Toutes sauf une…

Un des DRH présents dans la salle, qui n'avait rien dit jusque-là, intervient et pose LA question que nous n'avions pas anticipée : « tout ce que vous nous présentez est parfait, il n'y a rien à dire : les mesures sociales sont classiques, les procédures sont propres, les délais sont tenus, il n'y a pas eu de grève. Tous ceux qui sont présents dans cette salle ont déjà, peu ou prou, fait la même chose, mais pas avec le même succès. Au fond, au-delà de tout cet arsenal, qu'est-ce qui fait que, chez vous, cela a marché ? »

Après un moment de flottement – comment résumer des mois de travail en quelques mots –, c'est le secrétaire du CSE qui se jette à l'eau, et il nous cloue sur place :

« On n'avait pas attendu que ça aille mal pour apprendre à s'écouter, à se parler, et à travailler ensemble ».

Un grand silence s'empare des participants, ils échangent des regards mais restent muets.

Une voix pourtant ose s'exprimer dans ce silence : « ce n'est que ça ? »

Le secrétaire du CSE me fait signe qu'à présent, c'est à moi de répondre…

Je me lance : « oui, ce n'est que ça, mais c'est tout ça ! »

Leur silence me dit qu'ils sont encore un peu incrédules ; alors j'ose une comparaison :

« Au sein d'un couple, on dit que s'écouter et se parler c'est important. Mais est-ce si facile ? »

« En famille, on dit que s'écouter et se parler entre les parents et les enfants, c'est important. Mais est-ce si facile ? »

Le brouhaha qui s'ensuit montre que tout le monde a compris.

Et l'intervention se termine sur ces mots.

La résurrection du technicien

C'est le tango des forts en rien
Qui déclinent de chagrin
Et qui seront pharmaciens
Parce que papa ne l'était pas

Jacques Brel – *Rosa* – 1962

Cette chanson semble écrite pour lui, brave garçon que son père a poussé dans le tuyau des études pour qu'il ressorte « technicien bureau d'études » alors qu'il n'est pas du tout fait pour ça. Certes, il n'est pas le seul sur terre dans cette situation, mais quand même…

Monsieur Rostand ne travaille pas beaucoup – c'est le moins que l'on puisse dire – et le peu qu'il fait n'est pas bien fait. Sentant venir les emmerdements, il a trouvé protection dans un mandat syndical puis comme délégué du personnel et membre du comité d'établissement.

Il est donc – et il le sait – très protégé.

Il a dépassé la quarantaine et a encore une vingtaine d'années à ne rien faire au bureau, ce qui est très long, insupportable, improductif, et mauvais pour lui comme pour l'entreprise.

Je l'invite à venir me voir et je lui parle de son avenir professionnel. Il n'est pas très enthousiasmé par mon approche et se réfugie derrière ses mandats sociaux. Chaque fois que j'essaie de revenir au terrain professionnel, c'est-à-dire au simple fait d'honorer le contrat de travail qu'il a signé, il botte en touche et s'insurge contre le fait que je veux affaiblir la représentation du personnel en me séparant de lui.

« Vous faites erreur, Monsieur Rostand, j'ai le plus grand respect pour les représentants du personnel, et de toute façon quel intérêt ai-je à vous faire partir puisque vous serez immédiatement remplacé dans vos fonctions ; que ce soit vous ou un autre, pour le DRH que je suis, ça ne change rien. »

Avant qu'il ne parte, il accepte malgré tout le rendez-vous que je lui fixe pour continuer notre échange. Je lui demande de réfléchir d'ici là à ce qu'il aime faire dans la vie, en faisant sauter toutes les cloisons entre le personnel, le professionnel, les loisirs, les engagements associatifs. Je lui demande de rêver sans limites.

Le jour de notre rendez-vous, il affiche un air dubitatif.

« Alors, Monsieur Rostand, vous avez rêvé ? »

« Oui, je n'ai fait que ça, mais je n'y crois pas… »

« Expliquez-vous. »

« J'ai une passion dans la vie, la fabrication de modèles réduits. »

Soudain, son visage s'illumine, ce n'est plus le même homme, il s'exprime facilement, avec entrain.

« Vous semblez passionné ; avez-vous déjà songé à en vivre ? »

« J'en ai rêvé, mais je ne vois pas du tout comment m'y prendre ; et puis ce n'est certainement plus possible. »

« Monsieur Rostand, nous avons, dans le groupe, une petite équipe qui a pour but d'aider les projets individuels, les projets de création d'entreprise ; je vous propose de rencontrer le responsable et de faire le point avec lui ; mais ne partez surtout pas battu d'avance ! »

« C'est vrai, vous feriez ça ? »

« Monsieur Rostand, votre intérêt et celui de l'entreprise convergent ; est-ce que vous vous imaginez travailler encore 20 ans là où vous êtes ? »

« Pas vraiment… »

« Et puis votre travail ne vous intéresse pas et vous ne le faites pas bien… »

« On peut le dire comme ça… »

« Quant à l'entreprise, quel intérêt a-t-elle à vous garder à votre poste de travail ? Elle vous paie pour un travail que vous ne faites pas ou pas bien. Alors oui, nous avons peut-être un intérêt commun à trouver une solution qui vous convienne. »

« En tout cas, vous, c'est l'occasion de vous débarrasser d'un représentant du personnel ! »

... c'est reparti...

« Vous ou un autre, ça ne change rien pour moi, sauf que vous, je vous connais et je sais que vous êtes un honnête homme. Réfléchissez une dernière fois. Vous pouvez vivre encore 20 ans à votre poste, bien abrité derrière vos mandats, mais il est une chose contre laquelle vos mandats ne vous abriteront pas : c'est la perte d'estime de vous-même qui finira par vous gagner à force de ne pas travailler ; vous finirez par vous dévaloriser et vous dire que vous passez à côté de votre vie professionnelle, laquelle représente quand même environ la moitié de notre vie sur terre. Cela vaut peut-être la peine que vous y réfléchissiez... »

... silence...

Monsieur Rostand rencontre plusieurs fois le responsable de la cellule « création d'entreprise » et ils parviennent sans trop de difficultés à monter un projet. Il ne reste plus qu'à fixer les conditions financières et à organiser juridiquement le départ. La formule du licenciement est retenue parce qu'elle offre les meilleures garanties pour Monsieur Rostand au-delà de la fin du contrat de travail.

« Monsieur Rostand, votre enthousiasme ne doit pas vous faire oublier que vous êtes un salarié protégé par plusieurs mandats, et que votre licenciement doit être autorisé par l'inspecteur du travail, après avis du comité d'entreprise. Si l'inspecteur du travail refuse, ou bien vous restez ou bien vous démissionnez ! »

« Ne soyez pas inquiet ; j'y ai déjà songé ; je vais aller le voir avant même que vous ne demandiez l'avis du comité d'entreprise. Comme ça, le terrain sera préparé. Je suis motivé et je pense que je n'aurai pas trop de mal à le convaincre ! Quant aux collègues du comité d'entreprise, je m'en charge. »

Monsieur Rostand n'est décidément plus le même homme. Lui, que son patron et ses collègues trouvent « empoté » est désormais capable de prendre des initiatives, d'anticiper, d'organiser. Il est prêt à faire valoir ses arguments. Incroyable métamorphose de cet homme en seulement quelques semaines ! Et je me prends à rêver à ce que deviendrait l'entreprise si tous les salariés évoluaient de la même manière.

Le jour du comité d'entreprise arrive et Monsieur Rostand plaide fort bien sa cause, c'est-à-dire son avenir, alors que ses collègues cherchent à l'entraîner sur le terrain du passé et de ses relations pour le moins tendues avec sa hiérarchie et la Direction. Pour eux, la seule explication possible à l'évolution de Monsieur Rostand est la somme d'argent que nous avons forcément mise sur la table – en l'habillant d'un projet de création d'entreprise – afin de nous débarrasser d'un représentant du personnel devenu gênant.

L'intéressé défend bien son affaire, et c'est louche pour les leaders syndicaux. Alors deux d'entre eux se lèvent brutalement et se dirigent vers Monsieur Rostand :

« Toi, tu viens avec nous ! »

Ils se saisissent de lui, l'empoignent pour l'emmener hors de la salle.

« Messieurs, vos comportements sont inacceptables et je vous prie de lâcher immédiatement Monsieur Rostand ; par ailleurs, je vous rappelle que la séance n'est pas suspendue et qu'il n'y a pas besoin d'un quorum pour continuer valablement la réunion ! »

Bien au fait de ce genre de choses, les deux syndicalistes se ravisent, lâchent Monsieur Rostand et viennent se rasseoir à la table… La réunion peut se poursuivre.

Monsieur Rostand, avant de rasseoir, profite de sa position « debout » pour prendre la parole. Cette hauteur de vue inattendue lui donne de l'assurance et il parvient à dépasser le stress de l'agression qu'il vient de subir. Son plaidoyer, tourné vers l'avenir, est exemplaire et impose le respect à ses ravisseurs.

Arrive le moment où le comité d'entreprise va donner son avis sur le projet de licenciement de Monsieur Rostand.

Ce genre de vote a normalement lieu à bulletin secret, mais les leaders syndicaux ne l'entendent pas de cette oreille et insistent pour que le vote ait lieu à main levée, chacun devant « avoir le courage de ses opinions ».

Dans le climat de tension que nous venons de vivre, et même si l'immense majorité des votes au sein du comité d'entreprise a lieu à main levée, j'insiste et impose la règle contre la coutume : le vote aura lieu à bulletin secret.

Le résultat est intéressant : 100 % d'abstentions ! Personne n'a voulu se mouiller.

Saisi dans la foulée, l'inspecteur du travail nous donne des émotions : il commence la rédaction de sa décision par une page entière sur le rôle irremplaçable des représentants du personnel dans le dialogue social et auprès des salariés, sur l'opacité des conditions financières de départ de Monsieur Rostand qui laissent flotter une atmosphère de corruption, et sur sa prérogative « exorbitante du droit commun » qui lui permet de refuser le licenciement compte tenu du climat de suspicion qui rôde autour de la volonté réelle de Monsieur Rostand de créer sa propre activité. Mais à la fin, « du bout des lèvres », « avec des pincettes », il donne son accord !

Ouf ! Monsieur Rostand est soulagé et heureux de franchir le pas : se lancer dans la fabrication de modèles réduits.

Après son départ, et sans qu'il en ait jamais rien su, son cas m'a souvent servi de référence dans les exercices de gestion prévisionnelle : chercher la véritable motivation des personnes, ce qui les passionne, ce qui les fait vibrer. C'est souvent là que la solution se trouve…

La voiture-balai

Il fait beau en cet après-midi de juillet.

Une quinzaine de cyclistes de toutes les générations sont assis à l'ombre, à la terrasse du « bar des cyclistes » dans un petit village du Cantal. Ils sirotent un rafraîchissement bien mérité après la sortie de 70 kilomètres qu'ils viennent de parcourir en plein cagnard. Selon un rituel bien rodé, la conversation tourne autour du vélo, du tour de France, du matériel toujours plus performant, et patatras… sans crier gare, le parisien du peloton se lance dans une grande diatribe sur le pouvoir d'achat, sur le SMIC pas assez haut pour se payer ces nouveaux matériels… Tout y passe et tout le monde en prend pour son grade : gouvernement, députés, patrons, syndicalistes… seul le Pape échappe à sa vindicte.

Un silence un peu gêné parcourt le peloton. Jamais les « gars du coin » ne se conduisent de la sorte. L'argent et la camaraderie cycliste ne font pas bon ménage. En parler, c'est mettre le doigt sur les différences d'équipements qui existent, certes mais ne posent pas de problème dans un milieu où l'entraide et la débrouille prime sur les différences sociales.

On ne sait pas quelle mouche a piqué le parisien, mais elle a envoyé comme une décharge électrique à Eugène, leader du peloton et ouvrier électricien de son état. Ne tenant plus en place, celui-ci se lance dans un grand discours et nous dévoile des compétences insoupçonnées.

Il faut savoir qu'Eugène est un personnage dans le peloton ; la quarantaine fringante, toujours en tête à mener le train, et tout aussi souvent en queue pour veiller sur ceux qui pourraient décrocher. Il a toujours un œil sur les plus anciens, les « 7+ » comme il dit. Un vrai samaritain qui éprouve plus de plaisir à rouler avec les copains qu'à arriver le premier. Et il s'emploie à ce que le peloton, parti groupé, revienne groupé. Parce que rouler ensemble, c'est le plaisir de la sortie du dimanche. Pour la compétition, il y a d'autres moments et d'autres lieux. Bref, tout le monde apprécie Eugène !

« Tu vois, gars, t'es bien un Parisien, toi ! À Paris, vous criez tous qu'on ne peut pas vivre avec le SMIC ! Peut-être, mais nous ici, dans nos campagnes – je sais bien qu'il ne faut pas le dire – avec un SMIC, on s'en tire, et avec deux SMIC à la maison, c'est le confort ; c'est sûr, on n'habite pas le Marais ou les Champs-Élysées, mais on arrive à payer notre maison et des vacances aux enfants. »

« Le problème avec le SMIC n'est pas de savoir s'il est trop haut ou trop bas, c'est de savoir à quelle vitesse il va avancer. Et ce que nous voyons, c'est que, sur la durée, il avance trop vite ; oui trop vite ; cela fait des années que ça dure et que les gouvernements successifs déconnent avec le SMIC. »

« Eugène, tu déraillles »… le parisien veut faire valoir son point de vue.

Mais Eugène contre-attaque :

« Je dis que le gouvernement déconne avec le SMIC parce qu'il fout le bazar dans les salaires. Ici, on fait tous du vélo et on sait tous ce que c'est qu'une voiture-balai. Eh bien, le SMIC, c'est la voiture-balai des salaires et la course c'est la vie professionnelle. Il n'y a pas besoin d'avoir fait de grandes études pour comprendre que lorsque la voiture balai avance plus vite que le peloton, il finit par y avoir de plus en plus de monde dedans – ce qui veut dire que plus on augmente le SMIC, plus il y a de smicards, ce que nos politiciens n'ont pas encore pigé – mais ce n'est pas tout ; non seulement il y a de plus en plus de monde dans la voiture balai, mais l'écart avec le peloton diminue sans cesse, au point que les gars du peloton finissent par se dire qu'ils n'ont plus vraiment intérêt à appuyer sur les pédales pour avancer, puisque les gars qui sont dans la voiture-balai sont maintenant juste derrière eux et qu'en plus ils avancent sans donner un coup de pédale. Il n'y a pas mieux pour démotiver les gars. C'est comme ça qu'on en voit qui se trouvent rattrapés par le SMIC alors qu'ils sont à la moitié de leur carrière, et ça, ce n'est pas normal, c'est même scandaleux ! Et pour couronner le tout, faire galoper le SMIC fabrique du chômage chez les jeunes. »

« Eugène, tu t'emballes ! »

« Laissez-moi finir ! Comme le SMIC est le salaire minimum, c'est aussi la première marche salariale de la carrière pour les personnes qui n'ont aucune qualification, et plus la première marche est haute, plus l'accès à l'emploi est difficile ! »

Il nous laisse bouche bée, Eugène. On sait bien qu'il n'a pas fait de longues études, rapport aux moyens que ses parents n'ont pas, mais là, il nous en bouche un coin, et un gros.

Encouragé par le fait que nous restons muets, il en remet une couche.

« On leur apprend quoi à l'École Nationale des Ânes ? Il faut les faire atterrir ! Il faut qu'ils arrêtent de foutre le bazar dans la vie des gens. Ce qui leur manque à nos politiciens de tous bords, c'est d'avoir travaillé dans la vraie vie, c'est d'avoir travaillé comme artisan, comme ouvrier, comme paysan. Il n'y a que comme ça qu'ils pourront toucher terre, et enfin toucher du doigt tous ces problèmes. Bon, c'est pas tout ça, ça m'a donné soif de causer ; aller, à votre santé, les gars ! »

Je jubile en l'écoutant et regrette que les dirigeants de mon Groupe n'assistent pas à cette leçon de « politique salariale pour les nuls » administrée par un ouvrier. Ce serait probablement plus efficace pour les faire bouger, que toutes les belles démonstrations que je peux faire. Que voulez-vous, nul n'est prophète en son pays !

Je n'ai jamais plus entendu une tirade aussi imagée et convaincante sur cette question sensible du SMIC, des salaires et de la motivation.

J'avoue que je m'en suis resservi à plusieurs reprises, non sans un certain succès.

Merci Eugène.

Le certificat de grossesse

C'est l'histoire d'une jeune femme, Madame Robaldi, 35 ans, assistante commerciale, qui s'ennuie à mourir dans son travail. Je ne sais pas ce qui l'intéresse vraiment dans la vie, mais son travail est manifestement la dernière de ses préoccupations.

Son manager n'en peut plus. Son absence d'efficacité, sa nonchalance et ses résultats catastrophiques sont en train de contaminer les autres salariés du service. Après réflexion, nous tombons d'accord pour essayer de la réveiller en la convoquant à un entretien préalable à une « sanction pouvant aller jusqu'au licenciement ».

Mais tout ne se passe pas exactement comme prévu…

Convoquée par lettre recommandée avec accusé de réception, Madame Robaldi ne se présente pas à l'entretien préalable. Jusque-là, rien d'anormal, c'est la liberté des salariés de venir ou pas à cet entretien. Mais cela ne change rien au déroulement de la procédure.

Après une longue hésitation, nous décidons de licencier Madame Robaldi, ne serait-ce que pour l'exemplarité au sein du service, les collègues commençant à faire savoir qu'ils n'acceptent plus de pallier ses insuffisances.

La décision lui est envoyée par lettre recommandée avec accusé de réception. Une fois de plus, aucune réaction. Sans nouvelles de sa part, j'attends la fin de son préavis d'un mois pour la convoquer et lui expliquer que son contrat se termine le soir même conformément au courrier qui lui a été adressé :

« Vous êtes devenus fous ! et puis de toute façon, je ne vais jamais chercher mes recommandés ».

Elle quitte précipitamment mon bureau, pour y revenir quelques minutes plus tard, accompagnée d'une escouade hurlante de délégués du syndicat maison.

Ces derniers font pression pour faire annuler cette décision, allant même jusqu'à briser un des fauteuils de mon bureau pour m'intimider. Pour toute réponse, j'encourage vivement Madame Robaldi à aller chercher ses courriers recommandés pour y trouver la réponse à ses questions.

Au bout d'un quart d'heure, constatant que la procédure est régulière, les délégués ramènent Madame Robaldi à son bureau ; elle prend ses affaires et quitte l'établissement.

Tout aurait pu s'arrêter là, mais c'était sans compter avec l'imagination de l'intéressée.

Le surlendemain de son départ, je reçois, par courrier recommandé, un certificat médical attestant de son état de grossesse ! La grossesse, arme fatale interdisant tout licenciement jusqu'à la fin du congé de maternité !

Nous la réintégrons donc comme le droit du travail l'exige, et elle reprend son poste de travail, au grand désappointement de son manager.

« Ce certificat est bidon, il faut le contester et passer outre ! »

« Je ne sais pas si c'est bidon, mais c'est ressemblant ! J'hésite entre le vrai certificat de fausse grossesse et le faux certificat de vraie grossesse, tout ça sorti du chapeau en 48 h ! »

« C'est intolérable ! »

« Peut-être, mais si la grossesse est réelle, cela va se voir très vite ! Il est donc urgent d'attendre. »

Le temps passe… et pris par le quotidien d'un établissement de 1000 personnes, je finis par oublier Madame Robaldi. Jusqu'à un concours de circonstances tout à fait fortuit.

Je vais déjeuner au restaurant d'entreprise avec une collègue, et qui vois-je arriver ? Madame Robaldi ! Elle m'avise et rebrousse chemin immédiatement, disparaissant au milieu des salariés qui vont déjeuner.

« Bizarre, ça ne se voit pas qu'elle est enceinte. Elle en est pourtant à son 6e mois » fait remarquer ma collègue – mère de trois enfants – dont le regard est plus aiguisé que le mien sur ce sujet.

Le lendemain, au même endroit et à la même heure, nous croisons à nouveau Madame Robaldi, qui rebrousse chemin encore une fois. Ma collègue insiste :

« Je trouve que pour 6 mois de grossesse, cela ne se voit pas beaucoup… bizarre… »

De retour de déjeuner, je rencontre l'infirmière qui est venue pour m'entretenir du cas douloureux d'un salarié qu'elle accompagne depuis plusieurs semaines. Au moment de prendre congé, elle revient sur ses pas :

« Au fait, je profite de ce que je vous vois pour vous signaler un cas bizarre. C'est une salariée que nous convoquons pour la visite obligatoire de la médecine du travail, et qui ne vient pas. Nous l'avons relancée, mais elle ne vient toujours pas ; je n'ai jamais vu ça ! »

« Vous l'avez relancée quoi, 5 fois ? 6 fois ? »

« Non, beaucoup plus ! Nous en sommes au moins à une douzaine de relances. »

« Ah oui, quand même ! Il doit bien y avoir une raison ? Vous connaissez un peu cette femme ? »

« Je regagne mon bureau, et je vous réponds, j'aurai le dossier sous les yeux. »

Quelques minutes plus tard…

« J'ai bien regardé son dossier. Il n'y a rien de particulier à signaler, que je puisse vous dire. J'ai fait le décompte pour les visites médicales : nous avons fait 18 relances et Madame Robaldi n'est jamais venue. »

« Vous dites, Madame Robaldi, 18 fois ? »

« Il y a un problème avec elle ? »

Je raconte brièvement l'histoire à l'infirmière et je raccroche.

Perplexe, je fais venir sur le champ mon juriste et le manager de Madame Robaldi. Je leur raconte ce qui se passe, et j'apprends à cette occasion plein de choses que le manager a oublié de me raconter :

Madame Robaldi aurait fait une fausse couche cet été ; c'est du moins ce qu'elle aurait raconté à des collègues, parce que son manager, lui, ne l'a appris que par la bande. Et j'apprends aussi qu'elle se serait remise à travailler correctement à son retour de congés.

C'est beau la communication…

Va pour le passé… c'est fini, c'est trop tard… mais que faire avec le refus de passer la visite médicale obligatoire de la médecine du travail. Et là, je vois l'œil de mon juriste qui s'illumine :

« La visite médicale obligatoire veut, comme son nom l'indique, que l'employeur ne peut pas empêcher un salarié de la passer, et qu'un salarié ne peut pas davantage s'y soustraire. Le refus d'un salarié de passer cette visite est susceptible de mettre en cause la responsabilité de l'employeur, notamment en cas d'accident du travail. Certes, Madame Robaldi ne refuse pas explicitement de s'y rendre, mais elle ne donne pas suite aux relances… C'est un cas intéressant, probablement inédit ou en tout cas rarissime. »

Je sais que l'employeur qui ne fait rien en pareille circonstance se met dans son tort. Comme nous ne pouvons pas la traîner de force à la visite médicale, il ne reste plus qu'à la convoquer en vue d'une sanction ; peut-être obtiendrons-nous des explications ?

Je la convoque donc à un entretien préalable à une sanction pouvant aller jusqu'au licenciement.

Contrairement à la fois précédente, Madame Robaldi vient à l'entretien, accompagnée d'un des responsables syndicaux de l'établissement. Je lui expose les faits, à savoir son refus de passer la visite médicale obligatoire de la médecine du travail, refus attesté par 18 relances non suivies d'effet, et susceptible de mettre en cause la responsabilité de l'employeur en cas d'accident du travail ; après quoi, je lui donne la parole.

Mais en guise de réponse, je n'ai droit qu'à son silence, un silence obstiné, doublé du silence du responsable syndical qui l'accompagne.

Après une longue réflexion, j'ai finalement décidé de licencier Madame Robaldi. C'est ainsi qu'elle nous a quittés, cette fois-ci pour de bon, aucun certificat de grossesse n'étant venu à son secours.

Mais nous n'avons jamais su ce qui l'avait poussée à ne pas répondre aux convocations du service médical.

Et vous, vous avez une petite idée ?

Le commercial en mécanique de précision

Seul dans une agence du Grand-Ouest, notre commercial ne vend quasiment plus rien.

Quand je dis « plus rien », ce n'est pas tout à fait exact. En fait, il vend… du vin !

Et tenir un commerce de vin et spiritueux prend du temps ; il ne vend donc plus rien pour la Société (produits de mécanique de précision pour l'industrie électronique).

Comme il a 50 ans et 20 ans de maison, il sait ce qu'il fait ; je décide donc de viser la faute grave.

Le gars ne dit rien pendant l'entretien préalable et nous quitte donc pour faute grave.

Et comme il ne doute de rien, malgré ses résultats affligeants, il assigne la Société devant les prud'hommes.

Le dossier de la Société est solide, mais devant les prud'hommes, avoir 50 ans et 20 ans de maison devient une circonstance atténuante, si, si…

Le président demande l'indulgence de l'employeur parce qu'il imagine que le gars est sans travail : « Retrouver du travail à 50 ans passés, c'est difficile, Monsieur » !

Je contre-attaque parce que, vu de l'entreprise, avoir 50 ans et 20 ans de maison est plutôt une circonstance aggravante pour le salarié, parce qu'il sait ce qu'il fait et qu'il connaît les conséquences de son comportement :

« Je préfère licencier le commercial qui ne vend rien plutôt que les ouvriers qui n'auront plus rien à faire parce qu'il n'aura rien vendu ! »

Le public applaudit longuement.

La Société gagne le procès.

Le DRH face à la justice

Je suis en proie aux humeurs chagrines du syndicat maison. Ma principale faute est de vouloir mettre en place un système de prévoyance complet – décès, incapacité, invalidité, maladie – dont les garanties sont supérieures à celles qui existent, et les cotisations inférieures.

Bref, un truc pas bien méchant…

Normalement, l'idée de payer moins pour être mieux couvert est bien accueillie, mais là, non ! La raison – je ne l'ai comprise que plus tard – en est que ce syndicat a des intérêts particuliers dans certaines des institutions qui gèrent le système en place ; or, avec ma proposition, sans le savoir, je touche au grisbi ; et avec ces gens-là, on ne touche pas au grisbi… sinon c'est la guerre.

Et ce fut la guerre.

Avec l'aimable participation d'une administration du travail au sommet de sa neutralité…

Le téléphone sonne :

« Bonjour Monsieur, je suis l'inspecteur du travail. »

« Bonjour Monsieur… »

« Il faut que je vous parle de votre tentative de bouleverser le système de prévoyance des salariés. Vous n'avez pas vraiment consulté les instances représentatives, votre projet est flou, et personne n'y comprend rien, aussi bien les salariés que les représentants du personnel ; il faut arrêter tout ça. »

En l'écoutant, une petite voix me murmure « de quoi tu te mêles, coco ? » Mais ayant été bien élevé par mes parents, j'adopte un ton plus convenu :

« Les instances ont été consultées et j'ai répondu à toutes leurs questions ; je suis à votre disposition pour vous donner toutes les explications que vous souhaitez. »

À ce moment-là, j'entends des bruits de voix autour de l'inspecteur du travail… Sans m'en informer, il a branché le haut-parleur de son téléphone, et des « témoins » assistent à notre conversation… ; il est très espiègle, Monsieur l'Inspecteur du travail… mais quand même !

Tout en continuant à lui présenter le projet, je me dis qu'il y a peut-être parmi les témoins certains représentants du personnel… et qu'il ne devrait pas être trop difficile de les faire se manifester… je me fais donc un plus critique sur le système actuel de prévoyance, et là, bingo… ils réagissent, et j'en reconnais un :

« Bonjour Monsieur Layzard, alors comme ça on écoute aux portes… »

« Bonjour Monsieur, je n'écoute pas aux portes, c'est Monsieur l'Inspecteur du travail qui nous a invités à écouter votre conversation… »… On n'est jamais trahi que par les siens…

L'inspecteur du travail intervient :

« Oui, Monsieur, j'invite qui je veux dans mon bureau, et je n'ai pas de leçon à recevoir. »

« C'est gentil, Monsieur Layzard, d'avoir répondu à l'invitation de Monsieur l'inspecteur du travail ; il me semble que vous n'êtes pas seul… »

« Absolument, on est tous là. »

« Tous là ? C'est-à-dire… »

Et Monsieur Layzard, désigne tous les participants à cette réunion « secrète ». Je dis « secrète » parce qu'il était apparemment prévu qu'ils participent incognito…

Je leur fais remarquer que le fait d'assister incognito à une conversation, grâce à la bienveillance et au haut-parleur de l'inspecteur du travail, est une farce de mauvais goût… et pas très fairplay.

À ce moment-là, je pense à la réplique de Lino Ventura dans le film « Ne nous fâchons pas », dialogues de Michel Audiard : « Je ne critique pas le côté farce, mais pour le fairplay, y aurait quand même à dire. »

La circonstance semblant tourner à mon avantage, j'avance mes pions :

« Monsieur l'Inspecteur, je n'arrive pas à comprendre cette opposition de principe au projet que notre entreprise propose ; si cela ne se fait pas, ce sont les salariés qui seront les premiers pénalisés ; je vous rappelle qu'ils seront mieux couverts en payant moins. »

« Vous comprendrez mieux ma position lorsque vous serez devant la justice. »

À ces mots, il raccroche, me laissant seul à ma perplexité…

… comprendre sa position ?

… devant la justice ?

Il ne me reste plus qu'à attendre et surveiller le courrier.

Trois semaines passent, et un jour :

« Monsieur, il y a un recommandé du Tribunal correctionnel de Fouzy-sur-Lagheule, et cela vous concerne personnellement. »

Pour faire simple, à la requête du syndicat maison, je suis invité à comparaître devant le tribunal correctionnel, par citation directe, c'est-à-dire sans qu'un juge ait pu instruire l'affaire. Le motif est pour le moins alambiqué, mêlant « un délit d'entrave pour absence de véritable consultation des instances représentatives du personnel » à la « mise en place d'un système de prévoyance préjudiciable ».

Rien de vrai dans tout ça. Mais manifestement, le nouveau système de prévoyance n'est qu'un prétexte pour ceux qui m'assignent : j'ai touché au grisbi et je dois être puni. En me traînant devant le tribunal correctionnel – ce qui n'est quand même pas rien –, ils veulent nuire à ma réputation en répétant à l'envi qu'un « type » qui passe en correctionnelle a forcément quelque chose à se reprocher. Et ce genre de type ne peut assurément pas rester dans l'entreprise.

Branle-bas de combat : j'organise illico une réunion d'urgence avec mon patron, mes juristes, mon avocat.

Une fois l'affaire partie sur le plan judiciaire, je m'attaque au plan de communication. Le syndicat maison commence à faire courir des bruits sur ma traduction en correctionnelle. Cela occupe toutes les conversations. Ma stratégie de communication repose sur deux points essentiels :

1. Sur le fond du sujet : les salariés bénéficieront de meilleures garanties et paieront moins cher.

2. Sur la forme de l'assignation : je fais intervenir le Directeur juridique pour expliquer le système de la citation directe qui a pour effet immédiat de faire basculer un encadrement ébranlé par le discours syndical.

À partir de là, petit à petit, les ragots se calment, et le discrédit jeté sur ma réputation commence à se dissiper ; quand arrive la date, l'audience, presque tout le monde a oublié.

Sauf moi…

J'avoue être néanmoins dans mes petits souliers, car si je sais que je n'ai rien à me reprocher, reste à convaincre les juges de ma bonne foi. Mon avocat m'a prévenu :

« En correctionnelle, sur les questions sociales, l'employeur bénéficie d'un préjugé défavorable et le principal souci des juges est de savoir si le type, qui est à la barre, est un salaud de patron ou un type honnête. Les juges et le procureur vont vous cuisiner pendant un long moment pour se faire une idée du bien-fondé ou non de la citation à comparaître. Tout va se jouer sur votre capacité à répondre, à argumenter, à illustrer vos propos, à faire ressortir le bénéfice de ce nouveau système pour les salariés… bonne chance ! »

Après une telle mise en bouche, je suis sous haute pression, mais intérieurement, je me sens calme et résolu.

J'arrive dans la salle d'audience.

Le Président fait défiler les affaires et les prévenus pour fixer un ordre de comparution ; je réalise à cette occasion que je suis un « prévenu libre » : je n'arrive pas « menottes aux mains »… Le président décide de faire passer notre affaire en fin d'après-midi parce qu'elle promet d'être longue.

Je reste dans un coin de la salle et regarde défiler les autres affaires. Je croise toute la misère du monde, celle qu'on ne voit jamais ou très rarement pendant ses journées de travail : il y a le gars qui joue les humoristes pour faire oublier son vol avec effraction et qui essaie d'embarquer le Président dans ses excuses – « vous auriez fait comme moi, hein, Monsieur le Président ? » ; le forcené, menotté, assis entre deux gendarmes, qui insulte et agresse son avocate, pauvre débutante commise d'office, en se jetant sur elle depuis le box des accusés. Il faudra la vigueur des gendarmes et la solidarité de tous les avocats présents pour que l'audience reprenne dans un calme relatif.

Après cet épisode violent, mon affaire m'apparaît tout à coup secondaire, et je sens définitivement tomber la pression.

Enfin arrive mon tour.

Me voilà à présent à la barre des prévenus, déclinant mon identité, sous l'œil amusé de la douzaine de syndicalistes présents.

L'interrogatoire peut commencer. Le Président, les deux assesseurs et le procureur font rouler les questions ; et moi, dans un état second, calme et résolu, je réponds, j'explique, j'argumente.

Il faut savoir que le prévenu est debout à la barre et n'a rien d'autre à sa disposition que sa mémoire pour répondre. Cela va durer une bonne heure, au cours de laquelle je parviens même à citer précisément les pièces du dossier et à indiquer au Président, étonné, l'endroit exact dans le guide où il trouvera les précisions techniques sur les garanties et les cotisations.

Après plus d'une heure, et un moment de silence, le Président me regarde :

« Est-ce que vous pouvez me dire ce que vous faites ici ? »

« Est-ce à moi qu'il faut poser la question Monsieur le Président ? »

Le Président, les assesseurs et le Procureur sourient : « vous avez raison. »

À cet instant, je sens vraiment, physiquement, que la pression est tombée, et je me sens bien.

Arrive alors le tour de la partie adverse ; c'est le signataire de la citation directe qui vient à la barre.

Il est mal à l'aise, bredouille de mauvaises explications, et me lance sans arrêt des invectives, tant et si bien qu'au bout d'un moment, le procureur sort de ses gonds :

« Monsieur le Président, permettez-moi ; cela fait plusieurs minutes que nous entendons débiter du charabia, que les réponses sont fuyantes, et que le seul argument consistant qui nous est présenté ressemble furieusement à un règlement de comptes avec Monsieur Airache. »

Et s'adressant à l'avocat des syndicalistes :

« Maître, je ne comprends pas que vous n'ayez pas su convaincre vos clients de renoncer à une citation qui n'est rien d'autre qu'un règlement de comptes ; votre dossier est vide ; j'imagine donc que votre objectif est de nuire à la réputation de Monsieur Airache, ici présent ; dois-je vous rappeler que la justice n'est pas un lieu pour régler ses comptes ; écoutez-moi bien et dites à vos clients que s'ils ont la malencontreuse idée de recommencer ce genre de manœuvre, c'est moi qui les attaque pour abus de plaider ! Est-ce que je me fais bien comprendre ? »

Sur ces mots, l'affaire fut mise en délibéré…

Ouf !

Me prenant à part, mon avocat me glisse :

« Si je puis me permettre, vous tenez une forme incroyable, cet après-midi, vous avez réponse à tout, vous avez appris votre dossier par cœur ? »

« Pas vraiment, mais j'étais motivé : en plus de mon dossier, je défends aussi ma peau, parce que la prison, elle, est pour moi, pas pour l'entreprise… Et puis la vie m'a appris à faire face aux circonstances difficiles, et à trouver dans ces moments-là des ressources que je ne trouve pas en temps ordinaire. »

Quelque temps après, l'affaire se solda par un non-lieu.

Cette affaire aurait pu s'arrêter là ; mais les syndicalistes ne veulent pas donner au personnel le sentiment qu'ils restent sur un échec ; ils font donc appel !

C'est ainsi que, le temps ayant passé, nous nous retrouvons devant la cour d'appel.

La première étape consiste à fixer la date de l'audience pour plaider l'affaire, et pour ce faire, nous sommes tous, syndicalistes et Direction, rassemblés devant la tribune où siège le président. La jeune inspectrice du travail, fraîchement nommée, est aussi de la partie.

Elle ne tarde pas à se manifester.

Le président faisant part de sa surprise face à un appel qui intervient sur un non-lieu et avec un « dossier vide » la voilà qui s'exclame :

« Non, le dossier n'est pas vide, nous avons des éléments nouveaux ! »

Malicieux, le Président marque son étonnement :

« Je n'ai pas remarqué, Madame l'Inspectrice du travail, que vous avez fait appel du premier jugement. »

Puis il se tourne vers le greffier :

« Quelle date nous donnez-vous pour entendre cette affaire ? »

« Ce sera le mardi 5 février 2013. »

L'inspectrice du travail se tourne alors vers le Président et lui signifie, sur un ton assez vif, qu'elle n'est pas disponible ce jour-là.

Silence un peu gêné…

Le Président n'apprécie manifestement pas le ton comminatoire de l'inspectrice du travail ; agacé par sa remarque, il consulte ses deux assesseurs et prend la parole, sur le ton solennel qui sied à sa fonction :

« Madame, dans ces affaires à caractère social, qui sont toujours très compliquées, nous sollicitons la présence de l'administration du travail, dont la compétence et la neu-tra-li-té nous sont d'un grand secours. Monsieur le greffier vient de nous donner une date ; je ne vous demande pas si vous êtes disponible, je vous informe que l'audience se tiendra le mardi 5 février 2013… avec ou sans vous… Affaire suivante. »

Silence pesant…

Accompagnée de la délégation syndicale, l'inspectrice du travail part sans lever les yeux, sous l'œil attentif du Président. Mon avocat les laisse s'éloigner et s'en va à son tour. Au moment où je vais lui emboîter le pas, j'entends une voix qui m'appelle :

« Monsieur Airache ! »

Je m'arrête et me retourne ; je vois le Président me faire signe de m'approcher ; je m'approche, mais il m'invite à m'approcher encore plus près ; je monte les deux marches de la tribune et me trouve à sa hauteur :

« Monsieur Airache, je vous souhaite bien du plaisir et beaucoup de courage ! »

Je l'aime bien, le Président… ☺

À quelque temps de là, les syndicalistes se désistent de leur appel, comme on se retire sur la pointe des pieds pour ne pas éveiller l'attention. Après avoir abondamment informé le personnel de leur appel du premier jugement, ils ont complètement oublié de communiquer sur leur désistement.

Le quotidien reprend ses droits, le temps fait son office et tout le monde oublie vite cet épisode.

Mais pas moi…

J'ai appris énormément de choses dans cette affaire physiquement éprouvante mais humainement très riche.

À quelque chose, malheur est bon.

Le père Noël est un tordu

Vendredi 24 décembre 2010, 11 heures. Le Comité d'entreprise est réuni.

Avoir choisi la veille de Noël est un peu… tordu… non ? Les membres du comité sont grognons.

D'abord, je rappelle que le 24 décembre est un jour travaillé comme un autre.

Et puis il peut survenir des bousculades dans les agendas ; et quand on met bout à bout tous les impératifs, y compris légaux, il se peut que le comité d'entreprise tombe un 24 décembre.

Et c'est précisément le cas.

Les membres du CE sont particulièrement remontés contre moi, et comme c'est une « première » dans l'entreprise, je veux montrer qu'il n'y a aucune intention malicieuse de la part de la direction et arrive en réunion avec un gros paquet de truffes en chocolat.

Immédiatement, c'est l'agression. Ils ne sont pas dupes, ces friandises sont une tentative grossière de les acheter. Ils n'y toucheront pas !

« Soit, si vous n'en voulez pas, ce n'est pas grave, mais moi j'aime ça ; si vous permettez, j'entame le paquet. »

Au bout d'une demi-heure de réunion, et alors que je termine ma deuxième truffe, la tension redescend et je vois les regards de plus en plus insistants sur mon ballotin de truffes.

Je tends donc le paquet à la personne qui se trouve sur ma droite, tout en continuant à traiter les sujets inscrits à l'ordre du jour.

Que faire lorsqu'un paquet de truffes circule autour d'une table, sinon en picorer une au passage !

Ces truffes se révèlent finalement pleines de vertus.

La première est que des gens, qui se régalent et qui sont normalement bien élevés, finissent par dire merci.

La seconde, que je n'avais pas imaginée mais que j'ai trouvé plaisante, est qu'une personne est moins loquace lorsqu'elle est en train de manger une truffe. Quelque chose de dur, qui se croque, ne ralentit pas l'élocution ; alors qu'une truffe, dont la consistance est molle et pâteuse, se révèle être un frein à la clarté de l'expression.

C'est ainsi que certains sujets, considérés comme chauds, passent comme… une truffe.

À la fin de la réunion, il ne reste quasiment plus aucune truffe, et la réunion s'achève dans un calme très chocolaté.

Record à battre : 1 kilo de truffes à 12 personnes pendant 3 heures de réunion.

PS Je n'ai pas apporté de truffes l'année suivante, et plusieurs ne se sont pas privés de me le faire remarquer…

Les larmes et la misère humaine

Je vois débouler dans mon bureau, un chef de service flanqué de mon assistant.

« C'est intolérable, il faut absolument virer ce type ; cela fait un moment que nous avons des soupçons, mais là, nous venons de le prendre la main dans le sac, en train de faire les poches d'un collègue qui s'était absenté en laissant sa veste sur le dossier de sa chaise. »

« Asseyez-vous et racontez-moi ce qui se passe. »

« Plusieurs personnes se sont plaintes, depuis quelque temps, de la disparition de leurs effets personnels. J'ai mené une petite enquête avec le chef d'équipe et tout nous ramène vers la même personne. Mais nous n'avons aucune preuve. Nous avons fait passer des messages de prudence à toute l'équipe mais cela laisse un goût amer : comment travailler sereinement en équipe si l'on a des soupçons sur un de ses collègues ? »

« Ce qui vous amène, c'est que vous l'avez pris en flagrant délit ? »

« Exactement : il était en train de fouiller dans le portefeuille de son collègue de bureau quand celui-ci est revenu ; il n'a pas apprécié et ils ont failli en venir aux mains ; nous les avons séparés, mais il faut agir vite. »

« Compte tenu des circonstances, nous allons placer l'intéressé en mise à pied conservatoire et le convoquer à un entretien préalable de licenciement pour faute grave. L'intéressé va donc quitter les lieux immédiatement et ne reviendra que pour l'entretien. »

Arrive le jour de l'entretien.

L'intéressé se présente seul, sans personne pour l'assister. Le chef d'équipe et son chef de département représentent la hiérarchie. Il y a aussi mon assistant RH pour le secteur concerné, Monsieur Moullard. Tous sont très pâles et mal à l'aise.

Je rappelle la procédure et commence à énoncer les faits. Immédiatement, l'intéressé se met à pleurer, s'effondre en sanglots sur la table. Très vite, les deux chefs se mettent aussi à pleurer, et vient le tour de mon assistant. Et me voici, jeune DRH de 37 ans à faire la conversation, seul, face à quatre messieurs dans la cinquantaine, en larmes.

C'est le genre de circonstances que l'on ne nous apprend pas à gérer à l'école.

Pour débloquer la situation, j'improvise… je demande à mon assistant d'aller chercher de l'eau et des verres. Il arrive au secrétariat et passe la commande à mon assistante.

Mais celle-ci s'inquiète :

« Ça va, Monsieur Moullard, vous êtes tout pâle, asseyez-vous, je vais chercher de l'eau. »

Et lui, devenu soudain tout rouge, de lui répondre : « ce n'est pas pour moi, c'est pour l'autre » !

La diversion a fonctionné ; chacun a bu son verre d'eau et repris son souffle.

L'entretien a été assez court, les faits étant avérés et l'intéressé les ayant reconnus, non sans nous avoir fourni des explications : ménage surendetté, épouse au chômage, fils délinquant… Zola, quoi…

La procédure suit son cours et l'intéressé quitte la Société.

Quelques jours après, je vois arriver mon assistant avec une grande enveloppe dans les mains ; il en renverse le contenu sur ma table : 12 portefeuilles, tous retrouvés au fond des tiroirs de notre pickpocket. Vides, il va sans dire…

On sait qu'on existe

J'arrive à l'usine, et après avoir salué les autorités du lieu, le Directeur d'usine et le DRH, je vais traîner mes guêtres dans les ateliers.

C'est un rituel que j'aime beaucoup parce que j'y glane toujours des informations, de celles que personne ne pense jamais à vous dire ou que tout le monde s'évertue à vous cacher.

Ce jour-là, il fait beau. Le soleil donne une atmosphère légère à l'atelier que je traverse. C'est un atelier où il n'y a que des machines semi-automatiques : les opérateurs approvisionnent la machine en matières et évacuent les pièces ; ils peuvent donc, sans surcharge, surveiller deux machines chacun.

Ils sont une douzaine à travailler dans cet atelier. J'aperçois au fond, un opérateur que je connais parce que je le rencontre au siège à l'occasion des réunions du CSE ou des négociations avec les organisations syndicales.

Je m'avance pour le saluer, et nous commençons à échanger quelques mots. De fil en aiguille, nous sommes rejoints par d'autres opérateurs qui viennent faire connaissance et participer à la conversation ; ce qui ne les empêche pas de surveiller leurs machines à l'oreille : ils s'absentent en tant que de besoin pour que la production continue de sortir.

Notre conversation dure un bon quart d'heure et l'ambiance est légère, détendue. Nous en venons à parler de leurs chefs, sujet éternel pour les salariés mais sur lequel je ne fais qu'écouter. C'est toujours riche d'enseignements. Et ce jour-là, une opératrice se lâche :

« Il va falloir que l'on regagne nos machines, parce que si l'autre nous voit, nous allons nous faire engueuler… et vous avec ! »

« Moi aussi, vous croyez ? »

« Il en est bien capable… il est spécial, vous savez… »

« Tant que ça ? »

« Tenez, quand il traverse l'atelier, c'est toujours au pas de course et en regardant le bout de ses pompes. Venir nous voir, vous n'y pensez pas, nous sommes transparents, invisibles. Quant à dire bonjour, il n'a pas ça dans sa musette… c'est pas comme vous… au moins, avec vous, quand vous venez à l'usine, on sait qu'on existe ! »

Profonde tristesse…

Quelques brèves de réunion

Dans notre métier « RH », ce métier dans lequel les relations humaines constituent la matière première, il m'a été donné de vivre des moments très divers, émaillés de propos de toute nature, allant de l'aigre – pas forcément doux – au savoureux. Voici quelques échantillons de mes relations avec Madame Jaboulette :

***

De retour après deux semaines d'arrêt de travail à la suite d'événements sociaux assez violents, et alors qu'aucune information n'a été faite ni sur mon retour ni sur le fait que je marche à l'aide d'une canne, Madame Jaboulette vient me voir une demi-heure à peine après mon arrivée. Elle regarde la canne et lance : « Je reconnais, cela fait de l'effet (puis en se penchant vers moi, un peu sur le ton de la confidence) mais nous étions tous les deux au même endroit ce jour-là ; et vous savez aussi bien que moi qu'il ne s'est rien passé ; ou plutôt si, pour être exact, il y a une personne qui pourrait porter plainte parce qu'on l'a chahutée : c'est la table. »

***

En réunion du Comité d'entreprise, son lieu de prédilection, Madame Jaboulette se fait soudainement sirupeuse, gentille, souriante, avenante : « Vous savez, on n'a rien contre vous personnellement ;

quand vous vous ferez virer comme vos prédécesseurs, on viendra vous défendre. C'est promis. »

***

Encore en réunion du Comité d'entreprise, Madame Jaboulette essaie de faire croire aux autres membres du Comité que je n'ai pas tenu mes engagements ; comme elle peine à convaincre, elle change soudain de sujet : « Je ne sais pas si vous allez à la messe, mais le curé doit avoir des difficultés avec vous là-dessus. »

***

Toujours en réunion du Comité d'entreprise, Madame Jaboulette a visiblement décidé de saboter l'ordre du jour, par le désordre, les cris et l'interruption de parole. Comme elle n'y parvient pas, elle m'apostrophe :

ELLE : Je n'ai jamais vu un type comme vous !

MOI : C'est possible, mais soyez patiente, vous êtes encore jeune !

***

En réunion du Comité d'entreprise, encore et toujours, Madame Jaboulette n'arrive pas à obtenir ce qu'elle veut ; elle se met à hurler et me menace :

ELLE : On ne m'a encore jamais fait ça, c'est odieux ! Je vais écrire à votre patron, il va s'occuper de vous[1] !

MOI : (en m'adressant au Secrétaire du Comité) Vous devriez lui dire de ne pas crier si fort, elle va finir par s'abîmer la santé.

***

[1] Elle a effectivement écrit au Président Directeur général pour demander ma tête… sans succès…

Au début d'une réunion du Comité d'entreprise, je salue les délégués les uns après les autres en leur serrant la main comme à l'accoutumée. Arrivé devant Madame Jaboulette, celle-ci refuse ostensiblement de me serrer la main, me fixe droit dans les yeux, et devant dix personnes éberluées, me pointe du doigt :

ELLE : Un jour, j'aurai votre peau !

MOI : Vous ne feriez pas une bonne affaire, je ne suis pas bien gros, il n'y a rien à manger…

***

En réunion du CHSCT, alors qu'il n'y a aucun sujet de discorde à l'ordre du jour, Madame Jaboulette nous gratifie de ses invectives – en français, elle commence à nous gonfler – jusqu'au moment où :

MOI : Je me demande, certains jours, si vous n'avez pas raté votre vocation…

ELLE : C'est quoi cette mise en cause ? Expliquez-vous !

MOI : Au siècle précédent, et sous d'autres cieux, vous auriez pu faire un excellent commissaire politique…

ELLE : Pfff… (pour une fois, elle reste sans voix).

***

À nouveau en réunion du Comité d'entreprise, alors que nous parlons de la situation économique, sans prévenir Madame Jaboulette vide ses humeurs :

ELLE : On ne sait jamais comment vous allez réagir, vous êtes le diable en personne !

MOI : Arrêtez de me flatter, c'est gênant à la fin !

Scène de ménage

« Il faut absolument me virer la “Miss Catherine”, elle ne fait plus que des co****ies ! »

C’est ainsi que débarque dans mon bureau, Etienne, une armoire à glace d’1 m 90 et 100 kg. Etienne est directeur d’une unité d’ingénierie d’une centaine de personnes, avec des diplômes longs comme le bras, qu’il aime arborer comme autant de tatouages.

Je l’invite timidement à s’asseoir pour me raconter son affaire. J’avoue qu’en face de lui, je n’en mène pas large ! Le gars en impose par sa stature et son pedigree ; moi, tout nouveau dans ma fonction, avec mon manque d’assurance, mes 30 kilos et mes 20 ans de moins…

Alors, je le fais parler…

Il me dresse un portrait peu flatteur de la « Miss Catherine » : oublis fréquents, zéro fiabilité dans la tenue de l’agenda, bavardages incessants avec les ingénieurs du service, retard à répétition, et bref, la confiance est rompue, l’énervement est à son comble, et c’est son image vis-à-vis de la Direction générale qui est en jeu.

Un léger doute commence à m’envahir lorsqu’il finit par me dire que la « Miss Catherine » est son assistante depuis plus de cinq ans, ce que je lui fais remarquer avec le plus de délicatesse possible, mais il insiste et jure ses grands dieux qu’il ne comprend pas une telle dégringolade professionnelle !

À l’issue de notre échange, nous décidons de lancer une convocation à un entretien préalable de licenciement. Pour Etienne, c’est comme s’il s’était déjà débarrassé de son assistante ! Pour moi, c'est l'espoir que j'en saurai peut-être davantage lorsque l'intéressée pourra s'exprimer à son tour.

Arrive le jour J.

Catherine se présente assistée de Monsieur Lugiens, un ténor du syndicat maison. Etienne est assisté de Marcel, son « RH », un honorable sexagénaire plus enclin à compter les jours le séparant de la retraite qu'à travailler sur le cas de Catherine.

Nous sommes donc cinq autour de la table : je suis en bout de table, Etienne est à ma gauche, Marcel à ma droite, Catherine en face de moi et Monsieur Lugiens à sa gauche, donc à côté de Marcel. Il reste une place libre entre Etienne et Catherine… sorte de cordon sanitaire prémonitoire… La séance peut commencer :

« Nous sommes réunis dans le cadre de la procédure de licenciement qui a été engagée à l'encontre de Catherine ; cet entretien a pour but d'écouter ce que les deux parties ont à dire, d'abord Etienne qui est demandeur du licenciement, et ensuite Catherine. Aucune décision ne sera prise au cours de cet entretien ; ce n'est qu'après un délai de réflexion d'au moins une journée et au maximum d'un mois, qu'une décision pourra être prise. »

« Etienne, vous avez la parole pour nous exposer les motifs du licenciement que vous envisagez. »

« Merci Monsieur. »

Et Etienne se lance en s'adressant directement à son assistante. Il reprend tous les motifs qu'il a énoncés lorsqu'il est venu me voir.

Pendant qu'Etienne parle, je vois le visage de Catherine devenir de plus en plus rouge, jusqu'au moment où, écarlate, elle laisse éclater sa colère !

« Mais qu'est-ce que tu me fais là, vieux cochon ! »

Etienne se cabre bruyamment, Monsieur Lugiens me sollicite du regard, Marcel grommelle…

« Messieurs, nous avons écouté Etienne sans l'interrompre, faisons de même avec Catherine. Madame, vous avez été interrompue, j'en suis désolé ; veuillez poursuivre. »

La pression retombée, Catherine reprend la parole.

« Monsieur, dit-elle en se tournant vers moi, c'est à vous que je vais m'adresser, parce que ce qu'essaie de faire ce sinistre individu est honteux ! La vérité, je vais vous la dire, même si elle est très désagréable pour moi. Cela fait plusieurs années que nous entretenons une relation, Etienne et moi, relation libre et consentie, je le précise ; ce n'est pas très glorieux de ma part, mais quand on m'a dit que mon mari et moi ne pourrions probablement pas avoir d'enfants, quelque chose s'est cassé en moi et je me suis mise à déconner. Comme il m'avait déjà fait des avances, je me suis mise à les envisager sous un autre jour et j'ai été séduite par son côté athlète intello. Nous en avons bien profité, le plus souvent à l'heure du déjeuner. »

Etienne devient rouge comme une pivoine et se recroqueville sur son siège.

« Ne rougis pas, Etienne, oui, tu as bien profité de mes fesses et moi des tiennes, mais vois-tu, pour moi, la récréation est terminée ; j'en ai assez. Seulement, voilà, tu ne veux pas l'entendre, tu ne l'acceptes pas et tu me relances tous les jours pour coucher avec moi ; et comme je persiste dans ma décision de rompre cette relation, tu ne trouves rien d'autre à faire qu'à inventer des salades pour me foutre à la porte parce que je ne veux plus coucher avec toi ! Mais c'est minable, c'est lâche, tu me fais honte ! »

Un silence gêné règne à présent dans mon bureau.

« Avez-vous des questions sur ce que vient de nous dire Catherine ? »

Etienne et Marcel sont muets, tétanisés par la honte.

Monsieur Lugiens, moins assuré qu'à l'ordinaire, lance : « et on fait quoi maintenant ? »

Je me dirige vers le secrétariat et reviens avec un document d'autorisation d'absence.

« Je mets Catherine en congé, sur le compte de la Direction, le temps d'y voir clair. »

Tout le monde semble d'accord ; Catherine et Monsieur Lugiens me remercient et quittent la pièce, Etienne et Marcel s'apprêtent à les suivre, mais je les retiens.

« Regardez-moi bien dans les yeux, messieurs – j'ai dit dans les yeux – s'il vous prenait, malencontreusement, l'idée de refaire un coup comme celui-là, venez m'en parler avant… cela peut vous éviter bien des soucis… »

Après réflexion et concertation, j'ai décidé de ne pas licencier Catherine. Et comme l'établissement était grand, nous lui avons trouvé un autre poste, auprès d'un patron sympa, à qui nous avons raconté l'histoire…

Épilogue

L'histoire aurait pu s'arrêter là, mais le destin s'est chargé de lui donner une suite…

Environ six mois après l'arrivée de Catherine, son nouveau patron vient me voir :

« Vous allez rire, vous vous souvenez de Catherine ? »

« Je mentirais si je vous disais que non ! Que lui arrive-t-il ? »

« Elle est enceinte… »

« Enceinte ? mais elle nous avait dit qu'elle ne pouvait pas avoir d'enfants… »

« Peut-être… mais elle est quand même enceinte. »

« La violence de l'entretien aurait-elle fait bouger quelque chose … allez savoir ? »

Toujours est-il que Catherine partit en congé de maternité, prolongea avec un congé parental, poursuivit avec un deuxième congé de maternité, suivi lui aussi d'un congé parental, lui-même suivi d'un troisième congé de maternité, suivi lui aussi… non ! car elle démissionna à la fin de son troisième congé de maternité.

Et plus jamais on ne la revit.

Flag au bar clandestin

Je reçois la visite du patron des Moyens généraux, fonction très sensible dans les tours de la Défense où la répartition et l'aménagement des surfaces sont un sujet permanent. Je le connais bien, parce que la question des surfaces est un sujet de prédilection pour les représentants du personnel. Et comme je suis l'interlocuteur de la Direction pour les représentants du personnel, par relation transitive dans R *(Comme aurait dit ma fille qui n'a jamais rien compris à ce type de mathématiques… tout son père…)* je suis en relation fréquente avec le Directeur des Moyens généraux.

Mais pour une fois, c'est un autre sujet qui l'amène.

« Désolé de vous ennuyer, mais je crois que nous avons un bar clandestin dans la tour ! »

« Un bar clandestin ?! C'est nouveau, ça ! »

« En fait, nous avons de gros doutes, mais pas encore de preuves. Ce n'est pas dans les étages, ce serait trop voyant. Ça doit se passer dans les sous-sols. Mais vous voyez les lieux, les sous-sols sont un véritable labyrinthe et il est difficile de s'y repérer. Les seuls qui connaissent bien les lieux et qui pourraient nous aider dans notre recherche parce qu'ils y travaillent souvent, sont précisément ceux que je soupçonne de prendre l'apéro tous les midis dans ce bar clandestin. De par leurs fonctions, ils sont très rarement dans leur bureau commun et sont difficiles à pister. Mais nous avons repéré qu'ils étaient injoignables dès 11 h 45. »

« C'est du Sherlock Holmes, votre histoire ! »

« Presque, et je ne désespère pas de les coincer parce que si cela s'ébruite, les emmerdes seront pour moi. »

« Ça, c'est vrai… ! »

« Quand je les aurai coincés, qu'est-ce que je pourrai faire ? »

« C'est assez simple : consommation d'alcool sur le lieu de travail + consommation d'alcool pendant les heures de travail = licenciement pour faute grave = départ sans préavis ni indemnités. »

« Parfait ! Mais vous me soutiendrez, promis ? »

Je le rassure sur les intentions de la « Direction » et il prend congé.

La semaine suivante, Sherlock Holmes déboule dans mon bureau :

« Ça y est, nous les avons repérés ! Ils sont au 5e sous-sol, mais c'est grand, et je ne sais pas précisément où ; comment procède-t-on ? »

« Il faut faire un “flag” ; vous descendez avec tous vos chefs de service, comme cela, vous serez suffisamment nombreux pour les bloquer et les contrôler, et vous aurez ainsi un nombre de témoins suffisant pour freiner la contestation et la mauvaise foi. »

« Vous venez avec nous, hein ! »

« Bon, d'accord ! »

Tels des aventuriers, nous nous enfonçons dans les profondeurs de la tour et arrivons au 5e sous-sol. Nous progressons dans le plus grand silence. Alertés par des bruits de voix, nous nous arrêtons… les bruits viennent du local de stockage des armoires… nous ouvrons la porte… personne… ils sont bien cachés et désormais silencieux parce qu'ils ont certainement entendu la porte s'ouvrir ; mais nous savons qu'ils sont là parce que les vapeurs du pastis ne passent pas inaperçues…

« Sortez, vous êtes pris ! » lance le patron des moyens généraux.

Quelques secondes plus tard, une armoire s'ouvre et nos six compères apparaissent. Il est vraiment bien planqué le bar ! On y accède par une armoire qui n'a pas de fond.

Nous remontons tous à la surface…

Commencent alors cinq procédures individuelles de licenciement pour faute grave : mise à pied conservatoire, convocation, etc., plus une procédure « spéciale » parce que l'un des praticiens de l'apéro s'avère être délégué du personnel !

Les cinq premiers franchissent la porte conformément à la procédure. Le syndicat les poussera à contester leur licenciement devant les prud'hommes, mais ils seront tous déboutés.

Pour le délégué, c'est autre chose.

Après avoir demandé l'avis du Comité d'établissement (aujourd'hui CSE), nous avons été obligés de demander l'autorisation de l'Inspection du travail. Celle-ci a mis plus d'un mois à nous répondre via une lonnnnnnnngue lettre rappelant l'interdiction de la consommation d'alcool sur le lieu de travail, pendant les heures de travail, cela pouvant constituer un motif de licenciement. Et la lettre se termine sur… un refus de licenciement.

Comprenne qui pourra…

Le seul recours possible étant de faire appel au ministre du Travail – eh oui – nous avons décidé d'en rester là, mais de le faire savoir.

Notre 6e buveur n'a donc pas franchi la porte, mais sa fin de carrière a été difficile, ses collègues l'ayant mis complètement à l'écart.

Trois choses pour conclure :

1. Sachez qu'il se passe des choses étranges dans les sous-sols de la Défense ;

2. Les sanctions appliquées par les collègues sont parfois plus dures que celles prévues par la Direction ;

3. Si l'envie de boire au travail vous prenait, prévoyez un lieu ventilé permettant de faire disparaître les vapeurs d'alcool, ou bien buvez des jus de fruits !

Il boit pas, il mange pas, il pisse pas, mais il cause

Je suis en proie aux humeurs chagrines de mes partenaires sociaux. Ma principale faute est de vouloir mettre en place un système de prévoyance global – décès, incapacité, invalidité, maladie – dont les garanties sont supérieures à celles qui existent, et les cotisations inférieures.

Bref, un truc pas bien méchant…

Normalement, l'idée de payer moins pour être mieux couvert est bien accueillie ; mais là, non ! La raison – je ne l'ai comprise que bien plus tard – en est que certaines organisations syndicales ont des intérêts particuliers dans certaines institutions qui gèrent le système en place. Avec ma proposition, sans le savoir, je touche au grisbi ; … une guerre s'annonce.

Elle commence un beau jour de septembre 2012, à l'occasion d'une réunion du Comité central d'Entreprise (ancêtre du CSE) qui a pour ordre du jour « information et consultation du Comité central d'Entreprise sur un projet de mise en place d'un système de prévoyance global (décès, incapacité, invalidité, maladie). »

J'apprends par mes réseaux d'informations que les syndicats ont décidé d'utiliser cette réunion pour « avoir ma peau » – rien que ça. Numériquement plus forts (ils sont 18, je suis seul, ils savourent déjà leur victoire).

Je décide donc de me préparer à résister à un assaut. Leurs principaux leviers sont :

- M'empêcher de m'exprimer en me harcelant et me coupant sans cesse la parole, afin de bloquer la présentation du projet.

• Empêcher le vote par un désordre permanent, par le chahut, les bavardages, les cris, les allées et venues dans la salle, les entrées et sorties intempestives, les appels téléphoniques et autres distractions.

Avec cette panoplie à leur disposition, ils veulent rendre impossible toute consultation du CCE, pour pouvoir annoncer que ledit CCE n'a pas été consulté et que le projet ne peut donc être mis en place.

Arrive le jour de la réunion. Il est 10 h.

Je vous l'avoue, je suis un peu stressé. Je me demande à quelle sauce je vais être mangé. Par précaution, je passe aux toilettes juste avant d'entrer en réunion, car, comme dit le proverbe « qui boira pissera ». Et puis chacun sait que la capacité de travail, d'écoute et d'attention d'un être humain est inversement proportionnelle au taux de remplissage de sa vessie.

À peine suis-je assis que le désordre s'installe avec des bavardages. Ne parvenant pas à obtenir un minimum de silence, j'ouvre quand même la réunion en énonçant l'ordre du jour, puis je procède, lentement à cause du bruit des bavardages, à l'appel des membres du CCE, rituel qui a son effet sédatif et qui permet de rappeler qui pourra voter pour exprimer l'avis du CCE.

Après quoi, je respire un bon coup et me lance dans la présentation du projet. La réunion devient de plus en plus chaotique, mais j'ai décidé de parler, et personne ne m'en empêchera. Je m'exprime lentement, suffisamment fort pour être entendu au milieu du bazar, mais pas trop… La réunion promet d'être longue…

En temps normal, une réunion de ce type dure une heure trente environ. Celle-ci se terminera à… 16 h 30 !

Utilisant le fait que c'est le Président qui maîtrise le déroulement de la réunion, je décide de ne pas accepter les suspensions de séance, y compris pour aller aux toilettes – ce qui ne se fait jamais – mais cette réunion est vraiment extraordinaire. Les syndicats ont entamé un bras de fer pour empêcher le bon déroulement de la réunion. Mais une personne qui hurle, bavarde ou fait du bruit va d'une part, finir par se lasser, et d'autre part, devoir interrompre son obstruction à un moment ou à un autre pour aller aux toilettes…

Comme je me suis préparé, j'ai pris mes précautions et tout va bien.

Pour les agitateurs, c'est un peu plus compliqué. Ils n'ont pas imaginé une seule seconde que je refuserai toutes les suspensions de séance, y compris celles pour aller répondre aux appels de la nature.

Lorsqu'arrive l'heure du déjeuner, vers 12 h 30, je dois faire face à un mouvement d'humeur assez violent : cris, chaise cassée, porte claquée. C'est qu'ils ont faim et ils veulent aller manger. Mais je reste inflexible, arguant que si nous votons tout de suite, la réunion sera terminée et qu'ils pourront aller déjeuner tranquillement. Or je sais qu'ils n'ont aucune envie de voter. Je poursuis donc la réunion en revenant une nouvelle fois sur la philosophie du projet, son intérêt pour les salariés, etc., etc.

Après un long conciliabule et que certains soient déjà descendus au restaurant d'entreprise, ceux qui restent décident de constituer deux équipes pour se relayer, afin de ne perdre aucune information que je pourrais donner en leur absence. Après quoi, je reprends mon exposé avec un effectif clairsemé, mais dans une atmosphère plus calme. Celles et ceux qui sont restés sont fatigués et affamés. Je les sollicite alors pour qu'ils expriment leurs « O-P-Q-R-S » : Observations, Propositions, Questions, Remarques, Suggestions ; mais plus rien ne sort de leur bouche.

C'est alors que revient la première équipe de sa pause déjeuner. Elle me demande, sans succès, de répéter ce que j'ai dit pendant leur absence. Je poursuis naturellement mon exposé avec eux et les sollicite à leur tour pour qu'ils s'expriment sur le sujet de la prévoyance. Encore une fois, silence total.

En début d'après-midi, l'effectif est de nouveau au complet. Je suis certes un peu fatigué mais je reste mobilisé sur mes deux objectifs :

1. présenter en détail le système de prévoyance ;
2. obtenir un vote du CCE.

Le reste ne compte pas. Peu importe les grossièretés, insultes, voire menaces proférées à mon encontre, je fais le dos rond.

Est-ce l'effet de la digestion, de la fatigue ou les deux à la fois ? Toujours est-il que l'atmosphère se calme peu à peu. À un moment, au milieu des allées et venues en entrée et sortie de la salle, la sonnerie du téléphone fixe se met à retentir :

« C'est le Président qui veut vous parler », me dit-on.

Certain qu'il s'agit d'une manœuvre, je décline : « Dites-lui que je le rappellerai. »

La personne qui a décroché persiste : « Mais il insiste, il dit qu'il veut vous avoir tout de suite en ligne ».

UNE AUTRE S'EN MELE : « Allez-y sinon vous allez vous faire engueuler. »

UNE TROISIEME : « envoyer balader son chef, c'est mauvais pour votre carrière. »

MOI : « raccrochez, vous distrayez tout le monde avec ce téléphone. »

Et il raccroche.

Les bavardages reprennent pendant que je les sollicite pour qu'ils posent des questions.

« C'est qui ce mec ? Il n'est pas normal ; il boit pas, il mange pas, il pisse même pas, mais il cause ! On fait comment pour le faire taire ? Il est branché sur le secteur ? Où est la prise qu'on la débranche et qu'on ne l'entende plus ? Mais non, il est branché sur piles, et des piles longue durée. »

Etc., etc.

Imperturbable, je poursuis : « À présent, puisqu'il n'y a plus de question – en fait il n'y en a eu aucune – nous allons passer au vote. »

« Nous ne voterons pas, comment faut-il qu'on vous le dire ? »

Et le bazar de reprendre de plus belle.

Le vote n'interviendra qu'à 16 h 30, dans un désordre inimaginable ; et pour que le vote intervienne, il a fallu que j'utilise un « truc de séance » que m'a montré un jour un de mes premiers patrons.

Hommage :

Quand une instance ne veut pas voter, il faut lui rappeler qu'il y a deux possibilités face à un vote :

1. Il y a d'abord un choix simple : je participe au vote ou je ne participe pas au vote ;

2. Ensuite, ceux qui participent au vote ont 3 possibilités : donner un avis favorable, défavorable ou s'abstenir.

À partir de là, faire de l'obstruction pour empêcher le vote devient quasiment impossible, puisque le refus de voter s'assimile à une non-participation au vote.

Après moult explications, j'ai fini par prendre mon souffle et procéder au vote, profitant d'un moment où, fatigués par leur propre bazar, ils avaient plus ou moins lâché l'affaire :

Ne participe pas au vote	7		
Participe au vote	0	Favorable	0
		Défavorable	0
		Abstention	0

« La séance est levée. »

Après 6 heures passées assis à ferrailler, sans boire, sans manger, sans pisser, j'ai un peu de mal à me déplier, mais je suis soulagé !

En quittant la salle, je salue tout le monde, et au passage, j'ai droit à une dernière réflexion : « pour vous faire taire, vous, il faut vous assommer. »

Soupir…

Cette réunion reste pour moi un cas unique… enfin, je l'espère !

Le parfum du service médical

9 heures : le médecin du travail, une femme dans la cinquantaine, salariée de l'entreprise, a commencé de recevoir des salariés pour leur visite médicale.

9 h 30 : je surprends, au secrétariat, une discussion animée entre les cinq salariées de l'équipe.

« Sans être indiscret, Mesdames, que se passe-t-il ? »

S'en suivent des échanges de regards ennuyés, gênés…

« Je n'insiste pas, à vous de voir si c'est utile que je le sache ou pas. »

Je vois alors les yeux se tourner vers Isabelle, la plus expérimentée, l'ancienne, et j'entends murmurer : « Si, Isabelle, il faut que tu le dises, on ne peut plus reculer… »

« Je vous écoute. »

« Monsieur, c'est à propos du médecin du travail et de l'infirmière, c'est difficile à dire… mais les salariés se plaignent… »

« Se plaignent de quoi ? »

« Ben, ils se plaignent de l'odeur ! Nous l'avons toutes remarqué, mais depuis plusieurs mois, il se dégage du service médical des odeurs de transpiration qui incommodent fortement les salariés qui viennent pour leur visite. Ils viennent ensuite se plaindre chez nous, mais qu'est-ce qu'on peut y faire ? »

« Vous en avez parlé avec les intéressées ?

« Non, c'est vraiment gênant, et en plus, elles sentent toutes les deux ! »

« Il va pourtant bien falloir le faire si vous voulez que cela cesse. Peut-être pouvez-vous tenter d'aborder le sujet "entre femmes", le message serait peut-être mieux reçu que si c'est un homme qui le fait remarquer. Il y en a une qui s'en ressent ? »

« Monsieur, me dit mon assistante, il n'y a que vous qui puissiez faire cela. Vous représentez la Direction de l'entreprise et puis vous saurez trouver les mots qui conviennent. »

« Merci Mesdames ! Vous me rappelez le poète : tout flatteur vit aux dépens de celui qui l'écoute… »

Et, comme pour me mettre le dos au mur : « Elles sont là toutes les deux ce matin, me dit Isabelle ! »

« Bon, et bien allons-y ! Faites venir le médecin. Dites-lui que je veux lui parler. »

« Vous allez lui dire quoi ? »

« Je n'en sais bigre rien. Je vais partir à la découverte, je ferai confiance à mon inspiration. »

« C'est le cas de le dire », lâche mon assistante.

Arrive le médecin du travail.

« Bonjour Docteur ».

« Bonjour Monsieur ».

« Je voudrais vous parler de votre activité et des conditions dans lesquelles vous l'exercez… »

Je pars dans un discours sur l'importance de l'environnement pour les salariés qui viennent passer leur visite médicale, sur la compétence du médecin, non mise en doute par lesdits salariés, sur sa tenue exemplaire et sur son hygiène. Je laisse un silence après avoir prononcé le mot hygiène et je la regarde. Elle a compris le message, parce qu'elle s'enferme tout de suite dans le déni :

« Ce n'est pas moi, c'est l'infirmière. »

Ambiance cour de récré : « c'est pas moi, m'sieur ! »

Et comme je ne la lâche pas, elle joue la scandalisée :

« Vous vous rendez-compte de ce que vous me dites, vous un homme, à moi, une femme médecin ? »

« Absolument, chère Madame, et croyez bien que je me serais volontiers dispensé de ce discours. Seules les circonstances m'y poussent ! Arrêtons-nous là. Je pense que nous nous sommes compris et que vous aurez à cœur de mettre fin à cette situation. »

Elle quitte mon bureau, la mine furieuse.

Mon assistante entre dans mon bureau et je la vois bondir vers la fenêtre pour l'ouvrir.

« Je ne sais pas comment vous faites pour supporter cela, moi, ça me porte sur le cœur ! »

« Je fais ce que je peux, ce n'est qu'un mauvais moment à passer. »

« Vous me direz quand je pourrai appeler l'infirmière. »

« Je prends un peu d'air frais à la fenêtre, vous pouvez la faire venir. »

Bis repetita…

L'entretien avec l'infirmière est la copie conforme de celui avec le médecin. J'ai droit au même discours, à la même défense maladroite : « Ce n'est pas moi, c'est le médecin. » etc.

Elle quitte mon bureau avec la même mine furieuse.

Je vois de nouveau mon assistante bondir vers la fenêtre pour l'ouvrir. Une fois le bureau aéré, je vois apparaître l'équipe RH qui vient aux nouvelles. Isabelle me dit simplement :

« À voir leur tête à la sortie de votre bureau, le message a été reçu ! Attendons la suite, nous verrons le résultat avec les prochains rendez-vous ! »

Le résultat fut positif, au point que je me suis demandé si elles ne s'étaient pas lancées dans un concours de parfums, et plus jamais l'on entendit récriminer contre les mauvaises odeurs au service médical.

Moralité

Quand ça ne sent pas bon, il faut ouvrir bien grandes les portes de la discussion…

Portrait chinois de l'administration du travail

Quel DRH n'a jamais parlé de ses relations avec l'administration du travail… le plus souvent pour s'en plaindre ?

Au-delà de ce rituel larmoyant, force est de constater que l'administration du travail est composée de professionnels compétents et qui ont à cœur de remplir leur mission dans un esprit de neutralité.

Il y a certes des exemples qui disent le contraire, mais vu de la fenêtre de l'administration du travail, il ne manque pas d'entreprises qui jouent au « cow-boy », pour ne pas dire plus !

L'administration du travail c'est à la fois :

• Le professionnel participatif, qui vous appelle pour « se plaindre » des misères qu'un salarié protégé lui fait subir en le harcelant de courriers.

• La professionnelle poétesse qui connaît par cœur toutes les fables de La Fontaine et y trouve matière à illustrer son action.

• Le professionnel désabusé, qui arrive dans mon bureau, jette son code du travail sur la table et soupire profondément : « vous avez vu la taille de ce machin ! Quand j'ai commencé à travailler, il était trois fois plus petit et c'était utile. Aujourd'hui, plus personne ne sait ce qu'il y a dedans. C'est lamentable ! »

• Le professionnel « gonflé » à qui vous suggérez qu'il a passé les limites de la légalité : « Monsieur l'inspecteur, vous n'êtes pas sans savoir que ce que vous avez fait n'est pas vraiment légal. » « Je sais, mais si vous n'êtes pas content, allez vous plaindre devant le tribunal administratif ! »

• La professionnelle curieuse qui me cuisine pendant un quart d'heure pour savoir pourquoi il n'y a aucun papier sur mon bureau !

• La professionnelle hautaine qui vous assène que ses prérogatives sont « exorbitantes du droit commun » : « exorbitantes est effectivement le mot qui convient. »

• Le professionnel « en colère » qui s'aperçoit qu'il s'est fait mener en bateau en voulant défendre les intérêts d'un salarié… qui ne lui avait pas tout dit : « Cet abruti va me le payer ! »

• Le professionnel « coach » qui vous donne des conseils sur la gestion sociale de votre entreprise : « vous devriez prendre modèle sur Ernest Glampier, le DRH de Filotex, dont l'action est exemplaire. » (Pour info, Ernest Glampier se fera virer trois mois après pour avoir fabriqué un conflit inextricable à partir de son exemplarité…)

• La professionnelle « intégrée » à l'entreprise et qui vous appelle pour échanger sur le cas d'une salariée protégée enceinte : « vous croyez qu'elle va nous refaire le coup de la chambre d'allaitement, comme pour sa première grossesse ? »

• Le professionnel « petit marrant » qui ne rate jamais une occasion de placer ses calembours. Des calembours bons, ça va de soi.

• La professionnelle compatissante qui vous dit dans un grand éclat de rire : « je n'aimerais pas faire un métier comme le vôtre, entourée de gens qui ne vous veulent pas que du bien, et de délégués qui vous menacent à tout bout de champ d'aller se plaindre auprès de l'inspecteur du travail ! »

• Le professionnel bon vivant qui vous déclare soudain qu'en d'autres circonstances, il vous aurait invité à déjeuner : « rien de tel qu'une bonne bouteille pour apprendre à se connaître. »

Une confiance sans réserve

« Allo, chef, venez vite, il va nous déclencher une grève ! »

C'est un délégué syndical de l'usine qui m'appelle, et qui appelle au secours ! Cela me fait bizarre. D'habitude, c'est le directeur d'usine qui appelle au secours parce que les délégués veulent déclencher une grève !

Donc, d'après ses informations, son directeur d'usine s'apprête à faire des annonces contraires aux messages que la Direction générale a délivrés lors de la dernière réunion du CSE central et que les organisations syndicales ont commencé à diffuser auprès du personnel.

« Venez vite, il faut que nous en parlions ! »

Le climat de confiance qui règne avec ce délégué syndical et le côté tout à fait inhabituel de sa démarche font que je n'hésite pas une seconde ; je saute dans ma voiture et je file à l'usine.

Le temps d'expliquer la situation à mon assistante et d'insister sur le caractère confidentiel de ce déplacement, je l'abandonne au milieu des affaires en cours en lui précisant que je serai de retour au bureau demain matin.

Il est 16 heures. J'ai plus d'une heure de route pour arriver à l'usine. Je préviens le délégué syndical de se tenir prêt pour commencer notre réunion dès 17 h 30.

Ils sont cinq à m'attendre devant la salle de réunion, le visage fermé, celui des mauvais jours.

Nous entrons. Ils s'asseyent tous en face de moi, façon « grand jury ».

« Bonjour Messieurs, je suis venu aussi vite que j'ai pu ; je vous écoute. »

Et là, silence… rien… une atmosphère pesante qui tranche avec nos rencontres habituelles… pas un mot… ils se regardent, ils me regardent, toujours rien…

Il me vient une idée pour tenter de débloquer la situation :

« Je sens que ce que vous avez à me dire est lourd, difficile, alors, pour que nous puissions parler le plus librement possible, je vous propose de laisser à la porte de la salle les titres, les fonctions et les attributs du pouvoir. »

En disant cela, je me lève, ôte ma veste et ma cravate, ouvre la porte de la salle et fais semblant de les jeter dans le couloir. Je referme la porte, laisse veste et cravate sur une chaise à l'entrée et je reviens m'asseoir à ma place.

« Ce que vous avez à me dire, dites-le comme ça vient, peu importe la forme ou la manière. »

Je sens alors la pression tomber, comme un grand OUF de soulagement… et l'un d'eux se jette à l'eau.

« À la fin du dernier CSE, vous avez pris l'engagement que les instances locales pourraient, si elles le souhaitent, aménager les dispositions qui ont été arrêtées globalement pour la Société. Nous voulons savoir si votre engagement tient toujours. »

« Évidemment ! Mon engagement tient toujours ! Depuis le temps que nous travaillons à bâtir une politique contractuelle, j'ai toujours considéré qu'un engagement, une parole donnée valent plus qu'un texte signé parce qu'il est fondé sur la confiance et le respect de la parole ; il y va de l'honneur et de la crédibilité de l'entreprise. Une entreprise qui n'honore pas ses engagements n'a pas d'avenir ! »

« Cela nous fait plaisir de vous entendre. À dire vrai, nous ne doutons pas de votre parole, mais ce qui nous a été rapporté du Directeur d'usine nous a fait imaginer qu'il s'était peut-être passé quelque chose de grave après le CSE et que vous ne pouviez plus tenir votre engagement. »

« Si cela avait été le cas, je vous aurais immédiatement prévenus. »

« C'est ce que nous nous sommes dit, mais entendre en direct de votre bouche que tout va se passer comme prévu nous rassure tout à fait. »

Marcel, pointe le doigt en direction du bureau du Directeur d'usine :

« Et vous allez faire quoi maintenant avec lui ? »

« Ne t'inquiète pas pour lui, Marcel, il saura faire. Et puis il est payé pour ça ! »

Éclat de rire général !

« Je vais me débrouiller, tout ira bien. »

Les poignées de main pour se dire au revoir sont appuyées et les propos chaleureux.

Je passe alors voir le directeur d'usine pour le saluer et en profiter, à l'improviste… pour récapituler avec lui la teneur des annonces qu'il doit faire le lendemain au personnel. Manifestement, il n'apprécie pas beaucoup ma visite, mais au final, les annonces qu'il fera seront conformes aux orientations de la Société.

Épilogue

• Alors que la solidarité est de mise entre les dirigeants d'une entreprise, la confiance, elle, n'est pas nécessairement liée au niveau hiérarchique.

• Seule une confiance éprouvée permet de discerner les vrais appels au secours.

• La visioconférence m'aurait économisé 3 h de voiture, mais la densité de ce qui s'est joué dans le contact direct y aurait été inexprimable.

Il fallait oser !

Sortie 15 ans auparavant d'une belle École d'Ingénieur, Gertrude peine à atteindre le niveau d'un technicien Bac+2, et ses travaux doivent tous être vérifiés par ses collègues ou même son manager !

Gertrude a navigué le mieux possible pour masquer la lente dégradation de ses compétences, aidée en cela par des chefs successifs qui ont tous oublié que maintenir le niveau de compétences de ses collaborateurs fait partie de leur job.

Comme toujours en pareil cas, le dernier chef hérite du problème. Mais, contrairement aux autres, lui, il a décidé de le résoudre. Après avoir longuement pesé le pour et le contre, il prend la décision de se séparer de Gertrude.

Viens le jour de l'entretien préalable.

Et rien ne va se passer comme prévu !

Gertrude arrive entourée d'une armée de gros bras du syndicat maison : rien moins que quatre personnes pour l'assister. Situation compliquée, mais gérable. Parole de DRH qui en a vu !

Mais le pire n'est pas là.

Gertrude arrive avec, dans les bras, un magnifique bébé de six mois !

Immédiatement, je sais que l'entretien préalable ne peut avoir lieu : si je laisse entrer Gertrude dans mon bureau avec son bébé et ses quatre assistants, il faudra la force publique et les huissiers pour l'en faire sortir !

Pendant que le manager de Gertrude s'installe dans mon bureau, j'installe Gertrude, son bébé et ses quatre assistants au secrétariat, sous l'œil atterré de mon assistante !

J'explique à Gertrude et ses assistants que l'entretien se déroule dans un contexte réglementaire et qu'il y a des formes à respecter. La première est que la présence d'enfants n'est pas possible parce que le règlement intérieur leur interdit l'accès aux locaux de l'entreprise. La seconde est que le salarié peut se faire assister par une personne de son choix appartenant au personnel de l'entreprise, mais pas par quatre personnes.

C'est sans compter avec le caractère pugnace, voire obstiné de Gertrude. Elle ne bouge pas et persiste à vouloir tenir l'entretien avec son enfant et ses quatre assistants.

Je reviens dans mon bureau en rappelant que le point bloquant est la présence de l'enfant. Quand l'enfant aura quitté les lieux, on verra la suite. Et je ferme la porte derrière moi.

Une longue attente commence.

Le manager est persuadé qu'elle ne calera pas, et je partage son avis.

Au bout de deux heures, mon assistante m'informe qu'ils sont tous partis :

« Vous savez, cela n'a pas été de tout repos pendant deux heures. Le petit a eu faim et elle lui a donné le sein. Et puis elle a changé ses couches. Il fallait voir la tête des quatre gars qui l'accompagnaient… »

Humainement, voir un bébé pris en otage de cette situation, c'est trop ! Ils vont mettre deux heures à la persuader de renoncer :

« Il est encore plus têtu que toi – pardon, Monsieur – il ne te laissera jamais entrer avec ton bébé ! »

Effectivement…

Pour montrer que la Direction est de bonne volonté, nous la convoquons une nouvelle fois à l'entretien préalable. Mais cette fois-ci, nous anticipons : le patron de la sécurité est installé à l'entrée avec un huissier et deux gardiens pour l'empêcher d'entrer avec son bébé.

Pour les assistants, il n'y a rien à faire parce qu'ils sont salariés de l'établissement. Nous verrons bien.

Épilogue

Tout cela n'aura servi à rien : Gertrude n'est pas venue à l'entretien.

Elle a donc quitté l'entreprise sans que nous ayons pu entendre ses explications.

Plusieurs leçons sont à tirer de cette histoire :

– D'abord, il est essentiel de la part d'un manager, de veiller à maintenir le niveau de compétences de ses collaborateurs. Une perte de compétences est souvent le signe d'une démotivation qu'il convient de déceler et de comprendre, d'une évolution de poste qu'il convient d'accompagner, d'un manque de formation qu'il convient de pallier.

– Ensuite, quand on en « fait trop », on perd ses alliés… la surenchère peut se retourner contre celui qui en use.

– Enfin, chers DRH en herbe, attendez-vous à vivre des situations inattendues, des expériences inédites. Ce livre en regorge, vous en rencontrerez d'autres. Les ressources humaines sont décidément un territoire plein de surprises qui nous dévoilent des facettes insoupçonnées de l'être humain et révèlent sa créativité… sans limite !

Une décade inoubliable

Mardi 17 juin 2014, 8 heures

Le téléphone sonne chez le Président du Groupe : « Nous le tenons ! Maintenant, il va falloir négocier. »

« **NOUS** » : ce sont les salariés de l'usine Kolimha, filiale du groupe Baticonnect (domotique industrielle).

« **LE** » : c'est Maurice, le Directeur général de la filiale Kolimha.

« **TENONS** » : le Directeur général est « retenu » par ses salariés dans une salle de réunion.

Le Président raccroche et convoque en urgence les principaux dirigeants du Groupe, les responsables RH, les juristes et les avocats.

Mardi 17 juin, 10 heures

La réunion de crise commence fort : il faut vider les humeurs.

Une fois les humeurs vidées et le côté inadmissible et intolérable de la séquestration réaffirmé, les propositions fusent : constat d'huissier, dépôt de plainte, envoi des forces de l'ordre, mise en demeure, etc.

Les idées ne manquent pas mais elles agitent surtout la perspective d'une démonstration de force destinée à faire plier les grévistes ! Mais, dans ce genre de situation, qui sait vraiment ce qu'il faut faire ?

« Dites-moi, Amédée, vous êtes le DRH France et vous ne dites rien », me lance le Président ?

« J'écoute, Monsieur, et je me dis que les propositions oublient, peut-être un peu vite, le dernier mot du coup de fil des grévistes : négocier. »

« Il n'y a rien à négocier, ils doivent libérer Maurice. Point barre », assène Olivier, le Directeur général.

Olivier est fébrile parce qu'il sait la responsabilité qu'il porte dans cette affaire, et qu'il sait que je sais.

« Et vous proposez quoi, Amédée ? »

« Il faut aller leur parler, il faut impérativement garder le contact, entretenir le lien, sinon cela peut devenir dangereux pour Maurice ! »

« Et vous allez leur donner combien ? »

« Combien ? … mais rien du tout ! »

« Ils ne le libéreront jamais. »

« Au contraire, ils n'attendent que ça ! »

« Expliquez-vous ! »

« Regardons la situation :

1. Les grévistes sont retranchés dans l'usine et savent que cela ne peut pas durer longtemps ;

2. Ils ont envoyé un signal de détresse. Ils ont besoin d'avoir un retour ;

3. Je le sais, ils ont mis la main sur leur patron pour se faire entendre, pas pour avoir de l'argent ;

4. Répondre par le silence, l'argent ou la force sera pris comme une insulte, du mépris, avec comme résultat une crispation et la mise en danger de Maurice.

Sauf si quelqu'un veut y aller à ma place, je propose de partir sur le champ, et de me pointer demain matin dès 7 heures à la grille de l'usine pour commencer à discuter. »

« Et vous leur direz quoi ? »

« Je n'en sais rien, j'improviserai en fonction des circonstances, et… »

Olivier m'interrompt : « il suffit de leur téléphoner ! »

« Bon voyage, Amédée », lance le Président pour clore la réunion.

« Merci Monsieur. Mais avant de partir, je veux vous dire trois choses :

1. Vous m'envoyez là-bas avec une mission et vous pouvez mettre fin à ma mission quand vous voulez. Mais tant que je suis là-bas, je

vous demande de ne surtout pas intervenir sur place sans m'en avoir informé au préalable. Et si je ne suis pas d'accord avec votre intervention, je rentre à Paris. C'est la seule manière d'éviter les manipulations et la désinformation ;

2. Une fois que je suis parti, vous appelez l'usine pour dire que vous m'avez envoyé pour établir le contact et que j'ai les pleins pouvoirs pour négocier. Cela va leur occuper l'esprit et les faire réfléchir à l'issue du conflit ;

3. Vous me trouvez un huissier qui va m'accompagner demain matin tôt à l'entrée de l'usine. »

Mercredi 18 juin 2014, 7 heures

Me voilà devant la grille de l'usine, accompagné de l'huissier, agitant ma carte de visite pour signaler ma présence.

Un groupe de salariés s'avance à ma rencontre. Je remarque que deux chaînes de TV sont dans la cour, avec eux.

Je leur tends ma carte de visite : « Bonjour Mesdames, bonjour Messieurs, je m'appelle Amédée Airache et je suis envoyé par la Direction générale du Groupe. »

« Effectivement, nous avons eu un coup de fil pour nous en informer. »

« J'imagine que vous avez un certain nombre de choses à me dire. Comment souhaitez-vous procéder ? »

« Oh là, pas si vite ! On ne sait pas qui vous êtes. Vous avez un titre, d'accord, mais après… ? »

« Je vous propose une chose ; prenez contact avec les représentants de vos organisations syndicales au siège. Je les connais tous. Parlez avec eux et ensuite vous aviserez : continuer avec moi ou me renvoyer à Paris. »

« D'accord, le deal est honnête ! »

« Je reviens à 10 h, cela vous laissera le temps de réfléchir. »

Mercredi 18 juin 2014, 10 heures

De nouveau devant la grille de l'usine, je vois s'avancer vers moi de nombreux salariés. La télévision est toujours là. Je n'aime pas ça, mais chaque chose en son temps. L'heure n'est pas encore à la gestion des médias.

Je me lance :

« Qui avez-vous eu au siège ? »

« Messieurs Dupont et Durand, les deux leaders syndicaux. »

« Je les connais bien, effectivement. »

Dupont nous a dit : « Avec lui, il n'y a pas de loup, pas de coup fourré, les choses sont claires. »

Et puis Durand a ajouté en soupirant : « ils vous ont envoyé Airache ? Ben, pour la négo, vous allez en chier ! »

Éclat de rire général !

Cela fait du bien à tout le monde. L'atmosphère se détend.

« Vous savez, je suis salarié du Groupe, comme vous, et comme vous, j'essaie de faire mon travail le mieux possible. »

« C'est ce qu'on va voir ! »

Nouvel éclat de rire !

Mais je suis toujours inquiet de la présence de la télévision. Me vient alors une idée. Je m'adresse aux cameramen :

« Messieurs, s'il vous plaît, je souhaiterais m'entretenir en privé avec les responsables, et… »

« Mais nous ne filmons pas ! »

« Si vous ne filmez pas, vous allez pouvoir donner un gage de bonne foi à tout le monde en allant déposer vos caméras là-bas, contre le mur de l'usine, avec l'objectif tourné vers le mur. »

La mort dans l'âme, les cameramen vont déposer leur matériel contre le mur.

Je fais signe de la main aux deux leaders que je veux leur parler un peu à l'écart.

Ils s'avancent.

« Je ne sais pas ce que vous en pensez, mais il me semble que nous aurions intérêt, vous comme nous, à nous parler en privé plutôt que sous l'œil des caméras. Comme c'est vous qui les avez appelés, je vous laisse gérer la question avec eux. »

Conciliabules… « Vous nous laissez une heure pour décider ? »

« D'accord, ou même plus si vous avez besoin. Dites-moi. »

« Non, une heure, ce sera suffisant. »

« À tout à l'heure ! »

Mercredi 18 juin 2014, 11 heures 30

De retour à l'usine, je constate que la télévision a disparu, mais ne fais aucun commentaire.

« Comment souhaitez-vous procéder à présent ? Vous nous avez dit que vous souhaitez négocier. Je suis venu pour ça. Nous pouvons démarrer dès que vous aurez fait sortir votre patron. »

« Pas si vite ! Il nous faut des garanties. Qui nous dit que vous tiendrez parole et que vous négocierez lorsque nous l'aurons fait sortir ? Et puis de quoi allons-nous parler ? Où vont se tenir les négociations ? »

« Je vous propose une chose : je vais aller voir le Directeur du Travail et essayer de le convaincre de participer à la première réunion qui pourra commencer dès que vous aurez laissé sortir votre patron. De votre côté, il faut que vous en fassiez autant. Cela apportera de la crédibilité à l'ensemble de la démarche. »

« Ok. Vous allez le voir et nous, on lui téléphone. »

Le Directeur du Travail n'étant pas libre avant le début de l'après-midi, je prends le temps de relire les événements du matin avec Jacques, le consultant qui reste dans l'ombre et s'occupe de la « base arrière » : il va se mettre à chercher des salles pour les réunions et un hôtel dans lequel je pourrai m'installer un bureau et disposer d'un minimum d'intendance. Faute de quoi nous n'irons pas loin. J'appelle le siège pour tenir informés le Président et le DRH du Groupe. Et puis je prends le temps pour souffler un peu et me restaurer : pour que je puisse tenir le choc physiquement et émotionnellement, il vaut mieux que je ne sois pas à jeun !

Mercredi 18 juin 2014, 14 heures 30

Le Directeur du Travail me reçoit assez froidement. Il commence par s'étonner qu'un groupe comme le nôtre en soit là : un DG séquestré !

J'avance sur des œufs et lui montre ce que nous faisons et proposons pour sortir de cette situation et que chacun en sorte avec la tête haute.

Le téléphone sonne.

Il décroche et son visage se crispe brutalement.

Il met la main sur son micro et me regarde avec un œil noir : « Vous êtes incroyable ! vous venez me faire des ronds de jambe et pendant ce temps-là, vous faites intervenir les CRS ! Vous ne manquez pas d'air ! »

« Impossible ! »

Le ton de ma réponse le freine : « Et pourquoi cela ? »

« Je sais que ma Direction générale ne fera rien ici sans m'en parler avant, et comme je n'ai aucune information, cela veut dire qu'elle n'a rien fait ! Par ailleurs, nous avons fait le nécessaire avec l'épouse du patron de l'usine pour qu'elle ne prenne aucune initiative de cet ordre sans m'en avertir personnellement. Enfin, Monsieur le Directeur, les CRS ne peuvent pas intervenir sans ordre du Préfet, et le Préfet, dans ces circonstances, n'aurait rien fait sans vous en parler ! »

« C'est vrai ! »

« Quant aux CRS, il est facile de vérifier s'ils sont effectivement intervenus. »

« Je reviens. »

Le Directeur du travail quitte son bureau et revient quelques minutes après.

« Nous avons vérifié, il n'y a eu aucune intervention des forces de l'ordre ! »

Il se rassied.

« Je n'aime pas cette situation de séquestration. Racontez-moi où vous en êtes et ce que vous voulez faire. »

Nous n'avons jamais su qui avait monté cette intox, mais ceux qui l'ont imaginé savaient parfaitement que j'étais chez le Directeur du travail à ce moment-là… Peu importe, je sens que ma crédibilité est en hausse ! Je prends le temps nécessaire pour échanger avec le Directeur du travail, pour lui raconter ce que je veux faire, pour qu'il voie l'intérêt de participer à la première réunion de négociation qui va se tenir dès que le patron aura retrouvé sa liberté de mouvement.

Il réfléchit longuement et finit par accepter.

Ouf ! Je vais pouvoir revenir vers les salariés avec un point positif.

Mercredi 18 juin 2014, 17 heures

De retour à mon hôtel où le consultant m'attend, j'appelle le siège pour tenir mes patrons informés de l'avancée des choses.

Je récapitule point par point avec le consultant ce qui a été fait et ce qui reste à faire. Dans ces situations, il convient d'être clair et précis :

– Prendre contact avec les salariés, garder le lien, assurer la crédibilité ;

– Impliquer le Directeur du travail pour la première réunion ;

– Écarter la presse ;

– Trouver la salle pour la première négociation ;

– Changer d'hôtel et de salle pour la suite ;

– Me restaurer et souffler quelques minutes.

Mercredi 18 juin 2014, 18 heures 30

Posté devant la grille de l'usine, je fais exactement le même point avec les salariés. Je sais qu'ils sont fatigués et qu'ils ont hâte de sortir de cette situation pesante et stressante. J'aborde la sortie de leur patron de la façon la plus souple possible : il faut en effet éviter de donner une impression de précipitation qui pourrait être mal interprétée et réduire à néant tout ce qui a été fait depuis le matin.

« En ce qui concerne la sortie de votre patron, comment voyez-vous la chose ? Vers quelle heure cela vous arrangerait-il, sachant que la première réunion de négociation se tiendra dès sa sortie, et qu'il serait peut-être raisonnable de lui laisser quelques minutes pour se doucher, se changer et grignoter un morceau, avant de partir pour la salle où Monsieur le Directeur du travail nous attendra. »

« On revient ! »

Mercredi 18 juin 2014, 19 heures 30

Une heure plus tard, ils sont de retour avec une proposition : « Nous nous sommes organisés. Nous avons besoin, nous aussi, de nous doucher, de nous changer et de manger. Revenez à 21 heures. Nous sortirons avec lui et nous vous le remettrons. Nous vous laissons une heure pour nous l'amener en négociation avec le Directeur du travail. »

« Cela me va bien. Votre patron arrivera avec moi à 22 heures dans la salle de négociation où nous rejoindrons le Directeur du travail. »

« Nous comptons sur vous, parce que nous savons bien qu'il n'a aucune envie de négocier et qu'il fera tout pour faire capoter les discussions. »

Mercredi 18 juin 2014, 20 heures

Retour à mon hôtel.

Je téléphone au Président et au DRH groupe qui grignotent un morceau ensemble. Ils savent que la nuit peut être longue… Je les informe de l'heure prévue de la sortie de Maurice.

« Vous m'appelez dès que Maurice est avec vous et qu'il peut parler. C'est vraiment important ! »

« Ce sera fait, Monsieur. »

Je grignote à mon tour un morceau et m'allonge quelques minutes sur mon lit… félicité suprême !

Mercredi 18 juin 2014, 21 heures

Retour à l'usine.

Un groupe de salariés avance vers la sortie entourant leur patron.

La grille s'ouvre et Maurice sort sous les huées.

Je le prends en charge et le conduis à mon hôtel. Un peu de marche lui fait du bien.

À peine arrivé, je lui explique ce qui va se passer, parce qu'il ignore tout, et notamment la réunion de négociation à 22 heures sous la houlette du Directeur du travail.

Et là, je vois Maurice qui commence à renâcler.

« Maurice, la priorité à présent est de téléphoner au Président qui veut vous parler en urgence. »

« Ah bon ? »

Je compose le numéro :

« Monsieur, Maurice est sorti, il est à côté de moi, je vous le passe. »

Maurice prend le téléphone. Je vois à sa tête que le Président n'est pas tendre avec lui. Il ne dit rien. Puis il me rend le téléphone :

« Amédée, c'est vous qui allez mener cette négociation. Je viens de dire à Maurice qu'en sa qualité de représentant légal de l'entreprise, il doit être présent avec vous en négociation, mais je lui ai demandé de se taire compte tenu de ses résultats. »

« C'est bien noté, Monsieur. Maurice va maintenant aller se doucher, se changer et manger un morceau avant que nous partions. »

« Très bien, qu'il s'éloigne, j'ai à vous parler. »

Je demande au consultant d'accompagner Maurice dans ma chambre, où sa femme l'attend avec du linge propre et une collation. Je lui précise qu'il dispose d'une demi-heure et qu'ensuite nous partons pour la salle de négociation.

« Je suis à vous, Monsieur. »

« Amédée, je ne sais pas comment vous remercier pour ce que vous avez fait. Maurice est sorti fatigué mais indemne. Pour le gâchis, nous verrons cela plus tard. Pour le moment, je veux que vous me disiez combien vous leur avez donné pour qu'ils le libèrent sans trop de difficultés. »

« Mais rien, Monsieur, je vous l'avais dit en partant. »

« Amédée, peu importe ce que vous avez pu leur donner, je ne vous dirai rien ! Le plus important était qu'il sorte rapidement et indemne. »

Je sens qu'il est bloqué et qu'il n'arrive pas à imaginer que cela ait pu se dénouer sans argent.

Je me lance :

« Monsieur, je vais vous dire ce que je leur ai donné… »

« Ah, vous voyez bien, Amédée, vous leur avez donné quelque chose, mais je vous promets que je ne vous dirai rien, quel que soit le montant. »

« … Je leur ai donné… ma bonne mine. »

Silence au bout du fil, un grand blanc… le temps de se remettre de son étonnement.

« Quand je dis que je leur ai donné ma bonne mine, je veux dire que j'ai mis 14 heures à leur faire acquérir la conviction que ce que je leur disais, je le ferais. Et pour cela, je n'avais que ma bonne mine. »

« Et c'est tout ? »

« Oui, c'est tout, mais ce n'est que le premier pas, et la négociation va être longue et difficile. Première étape à 22 heures ce soir en présence du Directeur du travail. »

« Eh bien, bon courage Amédée. Appelez-moi si vous avez besoin de quelque chose. »

« Je n'y manquerai pas ! »

Mercredi 18 juin 2014, 22 heures

Nous sommes tous autour d'une grande table.

J'introduis la réunion en donnant les explications qui conviennent sur le rôle de Maurice et le mien, sur la présence du consultant, et je donne la parole au Directeur du travail.

Celui-ci se montre bref ; il insiste sur le fait que sa présence ne cautionne aucunement les positions des parties en présence. Il est là seulement pour garantir la sérénité des débats.

Comme nous allons passer du temps ensemble, je propose un tour de table pour que nous fassions un peu mieux connaissance, et ensuite, que nous fassions ensemble le programme des négociations.

Qui fut dit fut fait.

Nous nous quittons à 3 heures du matin (le Directeur du travail nous avait quittés à minuit).

Rendez-vous est pris pour 10 heures ce jeudi 19 juin… il faut bien dormir un peu !

Jeudi 19 juin 2014, 8 heures

Panique ! L'épouse de Maurice m'appelle : son mari a fait un malaise en se levant. Elle attend le médecin.

« Madame, je vous en supplie, l'affaire est de la plus haute importance, Maurice doit absolument venir en négociation. Même très fatigué, vous me l'amenez, sinon, c'est la catastrophe. »

Elle s'engage à l'amener au plus tard à 10 heures 30.

Je préviens les négociateurs syndicaux qui y voient tout de suite une dérobade :

« On vous avait dit qu'il n'avait aucune envie de négocier ! »

« Non, je vous assure, il sera là au plus tard à 10 heures 30, le temps que le médecin le voit. »

Maurice arrive à 10 heures 35 !

Les 5 minutes supplémentaires furent interminables…

Les négociations vont se poursuivre sans interruption, à raison d'au moins 12 heures par jour, sauf le repos du dimanche 22 juin décidé à l'unanimité par les organisations syndicales.

Je tiens le choc en dormant 3 à 4 heures par nuit… je ne m'en savais pas capable !

Les heures de négociations sont passées par des phases studieuses (nombreuses), des phases d'exaspération (c'était long pour tout le monde), des rires (parfois nerveux…), des larmes d'épuisement physique et moral. Gérer une crise vous fait passer par toutes sortes d'émotions et d'étapes.

Jeudi 26 juin 2014, 3 heures

Les négociations se terminent par la signature d'un accord, à l'unanimité par les quatre organisations syndicales.

Je reçois ensuite la seule journaliste encore présente à cette heure avancée de la nuit.

C'est une jeune femme, mère de trois enfants, que j'ai appris à connaître un peu au cours de la semaine. Je sais qu'elle va se lever à 6 heures 30 comme tous les jours. Je bâtis le squelette de son article. Elle l'habille avec un professionnalisme certain. Et la presse locale publie le matin un article factuel, bien rédigé, pas du tout partisan, en fait une bonne publicité pour les organisations syndicales et l'entreprise. Bravo Madame !

J'apporte un exemplaire de cet accord au Directeur du travail avant de prendre mon train.

J'ai tellement dormi que c'est le personnel de nettoyage qui m'a réveillé avant que la rame ne soit conduite sur les voies de garage…

J'arrive au bureau le vendredi 27 dans la matinée, tel un zombie.

Mon assistante m'accueille avec un grand café et ajoute :

« Ne vous installez pas, le Président veut vous voir. »

J'arrive à l'étage du Président où je suis accueilli en héros : les collègues sortent de leur bureau et me font une ovation incroyable !

Une fois dans le bureau du Président :

« Amédée, il va falloir que vous nous racontiez comment vous avez fait ! Je peux vous le dire à présent, personne n'y croyait lorsque vous êtes parti pour négocier. Nous étions tous persuadés que cela allait coûter une fortune ! Et à l'arrivée, il y a un accord signé par tous les syndicats, dans lequel il y a un peu d'argent mais pas tant que ça, il y a la presse qui est bonne, et le Directeur du travail qui tresse vos louanges… C'est quoi votre secret ? »

Il n'y a pas de secret, juste du bon sens et quelques lignes directrices fortes.

En vrac et en résumé :

– Respecter la dignité des personnes, y compris lorsqu'elles se sont rendues coupables de « séquestration » (mot que je n'ai jamais prononcé au cours de cet événement) : ne pas réduire à cet acte les personnes qui l'ont commis et ne pas chercher à assouvir de vengeance.

– Veiller à ce que les parties prenantes sortent la tête haute (seul le patron séquestré, hélas, ne sortira pas la tête haute. Cet événement l'a brisé. Il ne s'en remettra pas et démissionnera quelques mois plus tard. Il faut savoir que pendant les 6 mois qui ont précédé l'événement, je n'ai eu de cesse de lui faire comprendre que son projet alambiqué et son attitude hautaine allaient l'amener dans le mur : « Maurice, ça va mal finir, écoutez-moi. » Mais je n'étais qu'un pauvre DRH qui ne connaissait rien à l'industrie, et le Directeur général le soutenait sinon le poussait dans ce projet…)

– Chercher à comprendre ce qui a conduit à la « séquestration » : geste accompli par désespoir de ne pas être écouté sinon entendu.

– Adopter une stratégie indirecte : la stratégie frontale provoque l'affrontement.

– Situer la négociation dans le temps : un événement comporte un avant et un après et le succès de la négociation dépend énormément de la prise en compte des causes et des conséquences. Rien ne doit être fait qui compromette les chances de travailler ensemble lorsque la négociation est finie.

– Veiller à conserver le lien avec toutes les parties prenantes ; prévoir des canaux de communication indirects – souterrains – discrets : on en vient à se battre lorsque l'on ne se parle plus.

Tel est pris qui croyait prendre !
Épisode 1

Le patron du recrutement déboule en trombe dans mon bureau :

« Chef, nous sommes dans la mouscaille, ils viennent de nous passer en urgence une commande de 75 recrutements, et c'est pour tout de suite. »

« Asseyez-vous, Philippe, et expliquez-moi ça en détail. »

« Je viens d'avoir la visite de Josette, la DRH de Technofil. Elle sort d'un Comité de Direction et les perspectives du business sont telles qu'ils ont lancé un énorme plan de recrutement : ils ont 75 postes d'ingénieurs à pourvoir dans les trois mois qui viennent, et comme ils pensent que nous ne saurons pas faire, ils vont faire appel à un cabinet extérieur. Nous sommes cuits ! »

Petit point de contexte : la Direction générale du groupe a décidé de mettre en place un service central de recrutement pour tous les ingénieurs et cadres du Groupe et cela ne plaît pas du tout aux patrons des filiales, pour qui le recrutement des cadres est depuis toujours leur chasse gardée. Quoi de plus facile, pour montrer que le service central n'y arrive pas, que de lui filer une mission impossible !

« Une seule chose à faire, Philippe : vous convoquez une réunion d'urgence avec le comité de Direction de Technofil, le recruteur de votre équipe qui bosse pour eux, vous et moi. »

« Mais, Amédée, 75 recrutements en moins de trois mois, nous ne saurons pas faire. »

« C'est vrai, sauf qu'ils savent très bien que c'est une mission impossible. C'est donc que le délai requis pour leur commande est bidon. Et c'est par là que nous allons contre-attaquer ! »

La réunion menace d'être chaude.

Les huit membres du Comité de Direction sont présents, regroupés autour de Dominique, leur emblématique patron. Comme j'ai choisi une salle pas trop grande, 15 places maximum, nous occupons les derniers sièges, à côté de nos collègues de Technofil.

Après le traditionnel tour de table pour rappeler qui fait quoi et qui décide de quoi, Dominique prend la parole. Il nous dresse un tableau idyllique de son carnet de commandes et de ses perspectives, et situe dans l'organisation les 75 postes qui sont à pourvoir. Et pour mettre un peu d'ambiance en guise de conclusion, il nous dit sèchement :

« Il y a le feu, vous proposer quoi ? Vous allez savoir faire ? Surtout, dites-nous tout de suite si vous pensez que vous n'allez pas y arriver. »

Je sens que le patron du recrutement est sous pression. Il sait parfaitement que sans moyens conséquents, la tâche est impossible.

Mais, pour moi, la partie se joue sur un tout autre plan…

En nous passant une commande impossible à réaliser avec les contraintes imposées, le patron de Technofil est en position de force.

Il ne faut donc surtout pas dire que nous ne pouvons pas faire…

« Pas de problème, Dominique, le recrutement bat son plein dans le Groupe et nos tuyaux sont remplis de bons candidats. Comme le délai n'est pas négociable et que le prix ne l'est pas davantage, il ne reste que la qualité comme variable d'ajustement. Mais c'est sans risque pour vous, parce que tous nos candidats sont issus de bonnes écoles d'ingénieurs.

Et puis, je ne vous apprends rien, accueillir 75 personnes requiert une intendance importante : il faut des surfaces, du matériel de bureau et du matériel informatique. Il faut préparer l'arrivée des nouveaux dans les équipes, préparer les contrats de travail, les dossiers du personnel. Je dis cela, mais j'imagine que vous avez anticipé toutes ces questions, parce que vous allez recevoir les premiers candidats dès la semaine prochaine. »

Et là, deux membres du Codir craquent :

Le patron des moyens généraux : « Dominique, tu sais très bien que nous n'avons pas actuellement les surfaces ! Nous ne les aurons pas avant quatre mois pour la première moitié, et pas avant huit mois pour l'autre, et ceci dans le meilleur des cas ! »

Le patron de l'informatique : « C'est la même chose pour les ordinateurs : les délais de commande sont longs, et il faut ensuite préparer un par un tous les micros en les personnalisant. Avec la charge actuelle, cela ne se fait pas en trois mois. Ce n'est matériellement pas possible. »

Un ange passe…

Dominique reprend la main :

« Soit, messieurs, que proposez-vous ? »

Je prends la parole :

« Pour vous faire gagner du temps à tous, je vous propose un groupe de travail – recruteurs + opérationnels + moyens généraux + informatique + administration du personnel – afin de bâtir un plan d'arrivée des candidats en fonction de vos capacités d'accueil. Ensemble, nous parviendrons à atteindre votre objectif. »

Et là, je vois les membres du Codir qui soupirent de soulagement.

Dominique quitte la réunion la tête haute, mais savonne son Codir une fois rentrés à la maison : son plan d'arrivée des 75 nouveaux en trois mois, qui devait lui permettre de s'affranchir de la Directive de la DG sur le recrutement, s'est transformé en un plan d'arrivée au fil de l'eau, étalé sur neuf mois.

La morale de cette histoire :

Lorsqu'un client passe une commande « impossible » à un fournisseur, il doit prévoir que celui-ci peut lui renvoyer la patate chaude en disant « chiche » !

Lorsqu'un fournisseur reçoit une commande « impossible » d'un client, il doit parfois s'aventurer sur le terrain du client pour y trouver du bon sens et des alliés.

Enfin, sachez chers lecteurs, que la notion d'urgence est très relative. Elle mérite donc d'être questionnée… vous seriez alors surpris de constater, à l'issue d'un échange, qu'une date incompressible ne l'est pas tant que cela et que sur l'autel de la décision, l'urgence est souvent sacrifiée au profit de l'importance…

Tel est pris qui croyait prendre !
Épisode 2

Je croise Stéphanie, une recruteuse top niveau. Alors qu'elle est habituellement d'un tempérament enjoué et souriant, elle arbore une mine défaite.

« Quelque chose vous contrarie, Stéphanie ? »

« Ce n'est pas quelque chose, c'est quelqu'un ! »

« Je peux savoir ? »

« Isidore m'en fait voir de toutes les couleurs ! »

Isidore est ce que j'appelle un grand baron, profil « je fais ce que je veux chez moi », et qui a développé toute une série de stratagèmes pour éviter de recruter des femmes !

« Quelle que soit la candidature, il y a toujours un truc qui cloche et il finit toujours par recruter un homme, au point que je ne lui propose plus de CV de filles parce qu'il les recale systématiquement. »

« Aïe ! Je connais l'animal et si son patron lui demande pourquoi il ne recrute pas de filles, il aura beau jeu de dire qu'il n'y arrive pas parce que vous ne lui en présentez pas ! »

« Il n'oserait quand même pas faire ça ! »

« Bien sûr que si, il vous mettra tout sur le dos sans hésiter ! »

« Qu'est-ce que je peux faire ? »

« Dites à votre chef que je veux le voir avec toute l'équipe de recrutement dans cinq minutes dans mon bureau. »

Cinq minutes après, toute l'équipe est là.

« Je vous réunis à l'improviste parce qu'il y a urgence. Au hasard d'une rencontre dans le couloir, Stéphanie vient de m'expliquer la situation avec Isidore. »

« Isidore ! Il est odieux et refuse de recruter des filles, mais sans le dire, bien sûr », intervient Laurence, la manager de l'équipe. « Dans les profils d'ingénieurs débutants que nous lui présentons, les filles et les garçons sont du même niveau. Malheureusement, nous n'avons pas trouvé le moyen de le faire changer d'avis. »

« Justement, cette petite réunion est là pour ça. Nous allons monter un stratagème pour le prochain recrutement. »

« Nous en avons justement un en cours. »

« Parfait. Vous allez faire votre présélection comme d'habitude, mais vous lui présenterez comme finalistes trois CV de filles, en lui disant que vous lui avez réservé les trois meilleures candidatures. Il va sûrement tordre le nez, mais vous insisterez en lui disant que vous n'en avez pas de meilleures à lui présenter et que s'il n'en veut pas, il faudra qu'il prenne rendez-vous avec moi pour venir m'expliquer pourquoi il n'en veut pas. »

« Et s'il vient ? » demande Stéphanie ?

« Je vous parie un gueuleton qu'il ne viendra pas ! »

Quelques jours plus tard, Stéphanie passe la tête dans mon bureau.

« Vous savez, le stratagème a super bien fonctionné. Tout s'est passé comme nous l'avions imaginé. Mais il n'a commencé à bouger que lorsque nous lui avons dit que nous n'avions pas délégation pour aller au-delà des trois candidatures que nous lui présentions. »

« Et alors ? »

« Vous ne nous croirez peut-être pas, mais il a finalement choisi d'en recruter deux sur les trois parce qu'il ne savait pas départager des candidatures d'un aussi bon niveau. »

Épilogue

Isidore est devenu un apôtre de la féminisation du recrutement des ingénieurs.

L'équipe du recrutement est sortie renforcée de cette histoire : elle a éprouvé, en acte, ce que veut dire « être soutenue par sa hiérarchie. »

J'ai quand même payé un gueuleton à Stéphanie.

Pot de départ

À l'instant fatidique, nous voici parvenus,
Où un homme angoissé, avec les traits tendus,
Se décide à parler, à rompre le silence
Comme il est de coutume en cette circonstance.

Mais qu'a-t-il donc à dire, se demandent les uns ?
Troubler cette occasion n'est pas très opportun !
Nous sommes vendredi, la semaine est finie,
Mais peut-être veut-il nous couper l'appétit.

Et c'est toujours pareil, se rappellent les autres :
Ce sont les grands sentiments ou les sermons d'apôtre.
Et une embauche par-ci, une mutation par-là,
Tout le panégyrique : bref, une vraie cata !

À lire dans vos yeux, à voir sur vos visages
Je risque, disons-le, de commettre un outrage.
Et bien non ! Mes amis, vous tous ici présents,
Je vous épargnerai de semblables instants.

Aussi, foin de discours, amis levons nos verres,
Et souhaitons à Sabine une belle carrière.

La stratégie indirecte

« Je suis désespéré ! J'ai tout essayé, mais rien ne marche ! Ils sont sédimentés, je n'en tirerai plus rien. »

« Je », c'est le Directeur commercial.

« Ils », ce sont ses douze commerciaux.

« Vous comprenez, nous vendons des produits de mécanique de précision dans un environnement qui est en train d'évoluer à la vitesse grand V, et ces buses ne comprennent pas qu'ils vont finir au trou et la boîte avec, s'ils ne se bougent pas le cul. Ils ronronnent et continuent à visiter leurs clients habituels en laissant complètement de côté les nouveaux arrivants sur un marché qui évolue très vite. Ce qui me désespère, c'est qu'ils ont l'expérience et le savoir-faire nécessaires dans un environnement technique comme le nôtre, mais j'ai l'impression qu'ils n'en ont rien à foutre. »

Je la connais bien, la « bande des douze » !

Douze copains, tous autodidactes, tous autour de la cinquantaine, tous avec vingt ans de maison.

Mais comme ils ont vu passer beaucoup (trop) de patrons qui leur ont tenu de grands discours et sont partis, ils ont mis le pilote automatique et fonctionnent à l'habitude. Leurs résultats ne sont pas mauvais, mais stagnent, et surtout ils n'ont pas compris que leur nouveau patron était câblé résultats plus que discours.

« Si vous avez une idée, je suis preneur, même si cela grève mon budget. »

Cela fait un moment que je rumine cette question. Et comme la stratégie directe pour faire bouger la bande des douze a échoué, l'heure est venue de passer à la stratégie indirecte.

« J'ai une proposition à vous faire. Ça va coûter un peu d'argent mais ça peut marcher… »

« Je vous écoute ! »

« Vous avez une équipe commerciale très homogène, peut-être trop : douze gars, autodidactes, la cinquantaine et vingt ans de maison. Vous allez donc recruter deux filles, profil ingénieur, moins de trente ans, débutantes ou avec première expérience. »

« Pardon ? »

« Oui, il faut bousculer l'équipe de l'intérieur. Il faut donc faire entrer deux personnes, bien choisies, dont le profil est à l'opposé de vos gars. Je parie sur le choc des cultures pour les faire bouger. »

Je mandate un cabinet de recrutement de confiance, intéressé par la problématique, et quelque temps après…

Nous accueillons deux jeunes femmes, diplômées de deux belles écoles d'ingénieurs et intéressées par la vente.

Le choc des cultures est immédiat !

La bande des douze réagit (c'est bon signe…) : « Elles ne tiendront pas le choc, elles n'ont pas assez de métier… »

Mais nos deux jeunes recrues s'adaptent très vite et au bout d'un mois, au cours d'un séminaire commercial, le traditionnel tour de table montre que nous sommes sur la bonne voie.

Les anciens se présentent à leur manière :

« André, 50 ans, formation technique, 20 ans de maison. »

Et les nouvelles leur font écho :

« Caroline, 28 ans, formation technique, 1 mois de maison. »

Huit jours après le séminaire, d'un des douze passe la tête dans mon bureau :

« Elles sont incroyables nos nouvelles recrues. Elles dépotent sérieusement. Il va falloir qu'on se remue le cul, sinon, elles vont prendre nos places. »

Elles se sont intégrées en douceur en misant sur trois choses : humilité, écoute et compétence.

Gagné !

La vie est dure

En arrivant au bureau, je croise Pierre, le nouveau Directeur commercial, devant l'ascenseur.

« Amédée, je suis content de vous voir, il faut absolument que je vous parle de Raoul, le chef des ventes du grand ouest. C'est un branleur : grande gueule, grosses notes de frais, petits résultats. Je ne vais pas pouvoir le garder longtemps ! »

« Merci, Pierre, mais ce n'est peut-être pas le lieu et le moment pour en parler. Prenons rendez-vous pour faire un point ensemble. »

Mais c'est plus fort que lui, Pierre me poursuit jusqu'à la porte de mon bureau pour me parler de Raoul.

« Merci Pierre, j'ai bien entendu ! »

Je m'installe à mon bureau et commence ma journée par un point d'agenda avec Marie, mon assistante.

« Monsieur, vous vous souvenez qu'à 10 heures, vous voyez William qui vient vous parler du cas de Pierre. »

« Pierre, lui qui me colle pour se débarrasser de Raoul ! Il va être surpris… »

À 10 heures précises, Marie passe la tête dans mon bureau :

« William, le "british boss" de Pierre est arrivé et il est accompagné de Pierre. »

« Ah non ! Il est têtu, je lui avais dit de venir seul ! »

« Je garde Pierre ? »

« Non, merci, Marie, je vais me débrouiller. »

C'est ainsi que je transforme, en temps réel, un entretien destiné à faire le point avec le manager, en un entretien de départ « de politesse » : en gros, j'explique à Pierre qu'il va nous quitter, et que nous allons lancer, pour ça, une procédure et que nous l'en informons au préalable par politesse.

Bref, le truc dangereux que l'on ne fait jamais : expliquer les motifs avant de lancer la procédure !

Il faut parfois s'adapter en temps réel et naviguer entre le droit et les circonstances…

L'entretien dure environ 1 heure.

Nous nous séparons à 11 heures.

11 heures 15 : Pierre frappe à ma porte :

« J'ai l'air de quoi maintenant ! Je viens vous dire qu'il faut virer Raoul et une heure après j'apprends que c'est moi qui dégage ! Vous auriez quand même pu m'en toucher un mot, non ? »

« Pierre, vous êtes manager, vous comprenez bien que je ne pouvais rien vous dire ! »

« C'est vrai, mais quand même ! »

« Je reconnais que l'enchaînement des circonstances ne vous est pas très favorable, mais que voulez-vous ? »

Et Pierre quitte l'entreprise à l'issue de la procédure.

Épilogue

À quelque temps de là, Raoul quitte aussi l'entreprise. Les motifs ne manquent pas.

Après l'entretien préalable, il va se bourrer la gueule au café du coin, et rentre au bureau pour plier ses affaires. Il est passablement éméché. Mais avant de partir…

« Monsieur, venez vite, Raoul a réuni son équipe et veut leur parler. »

« J'arrive à la porte de son bureau mais je n'entre pas. »

« Les amis, je viens de me faire virer, mais je n'ai rien à dire. J'ai déconné, donc je paie. Vous savez ce qui vous reste à faire ! J'en profite pour vous dire que vous êtes dans une bonne boîte, et qu'on vous respecte. Même moi, en me faisant virer, j'ai été respecté. Vous avez un vrai DRH, avec une belle paire de balloches. Salut ! »

In vino veritas…

L’art du harcèlement

Notre groupe vient de racheter un concurrent dont les activités sont très complémentaires et nous sommes dans la phase d’accueil de nos nouveaux collègues.

Bertrand, le Directeur des Ventes pour l’Europe reçoit Edith, la Directrice commerciale France de la boîte rachetée. Je participe à la réunion avec Simon, le Directeur commercial France et Sophie, la Responsable des Ressources humaines du siège chargée d’accueillir les équipes commerciales.

Simon et Bertrand sont assis en face d’Edith et moi. Sophie est en bout de table.

Bertrand ne manque pas de bagout, genre « qui s’la pète » et surtout qui s’intéresse de près aux femmes…

Edith fait plutôt bonne figure face aux assauts répétés de Bertrand, qui étale son savoir-faire sirupeux. Pas encore arrivée, elle découvre que son futur chef a un talent certain dans le registre « graveleux, visqueux ».

Assis à côté d’elle, je sens qu’elle commence à être indisposée par le côté gluant de son futur patron, au point que je me penche vers elle pour lui glisser un mot rassurant à l’oreille.

Simon et Sophie me lancent des regards désespérés comme pour me dire « faites quelque chose ! »

Et Bertrand, imperturbable, continue sur le même registre, tout en parlant des produits, des clients et des forces de vente. Son numéro est très au point.

Il veut favoriser la pénétration des nouveaux commerciaux chez certains grands clients et l'introduction d'Edith chez d'autres (je n'invente rien…)

C'est le mot de trop et avec le sourire entendu… la goutte d'eau qui fait déborder le vase.

Je me penche à nouveau vers Edith et lui dis, à haute voix cette fois-ci :

« Ne vous inquiétez pas, Edith, j'ai parié avec Bertrand que je le mettrai à la porte avant la retraite pour harcèlement sexuel. »

Un ange passe.

Bertrand s'étouffe. Il ne dit plus rien.

Simon et Sophie pouffent de rire.

Édith sourit.

La réunion est terminée.

Épilogue

Edith ne donne pas suite à notre proposition et ne rejoint pas le Groupe… Quel gâchis !

Bertrand ne changera pas vraiment, mais fait valoir plus vite que prévu ses droits à la retraite… Quelle bonne idée !

Voies de fait

« Chef, venez vite, ils se foutent sur la figure ».

C'est ainsi que je fais mes débuts dans l'art de la discipline.

Deux agents d'entretien, passablement éméchés si j'en crois les rumeurs, en sont venus aux mains pour des raisons qu'ils ne connaissent probablement pas eux-mêmes. Leur manager tente de les séparer mais récolte une grande baffe en récompense de ses bons offices.

Pire, les deux lui tombent dessus et l'abreuvent d'insultes et autres injures graves, voire graveleuses. Un autre manager tente de lui venir en aide, mais ses efforts restent vains et il récolte à son tour une bordée d'insultes et d'injures très… imaginatives !

Après quelques minutes, les deux protagonistes se calment et les managers s'interrogent :

« On fait quoi maintenant ? »

Mon téléphone sonne : « Venez vite, chef, il y a eu une bagarre. »

Ma présence apaise les esprits et permet d'organiser la suite. Il est évident que nous ne pouvons pas laisser se produire ce genre d'incidents sans prendre des sanctions.

Pour que les deux salariés puissent être sanctionnés, il faut non seulement que les managers invectivés témoignent de la bagarre, mais que chacun écrive une attestation relatant les injures et insultes dont ils ont été gratifiés.

Mais voilà, les entendre c'est une chose, les écrire en est une autre ! Cet exercice est vécu comme une violence supplémentaire.

Ces attestations serviront à illustrer la plaidoirie de notre avocat devant les prud'hommes. Car figurez-vous que les deux salariés décident de porter l'affaire devant la justice après leur licenciement pour faute grave.

À l'audience, l'avocat des salariés fait comme si juste quelques noms d'oiseaux avaient été échangés et conteste la faute grave.

Notre avocat entreprend alors de lui rafraîchir la mémoire et présente par avance ses excuses aux conseillers prud'homaux pour les propos qu'il va tenir ; il lit les attestations à haute voix :

- À la première insulte, toute la salle rigole ;
- À la deuxième, le rire est plus discret ;
- À la troisième, c'est le silence ;
- À la quatrième, le silence est gêné ;
- À la cinquième, chacun commence à regarder le plafond ;
- À la sixième, les conseillers prud'homaux regardent par la fenêtre ;
- À la septième (il y en avait une pleine page…) le Président crie grâce :

« Maître, je crois que tout le monde a bien entendu ; je vous propose de vous arrêter là. »

« Comme vous voudrez, Monsieur le Président, c'était juste pour rafraîchir la mémoire de mon confrère. »

La Société gagne le procès.

Épilogue

À la sortie de l'audience prud'homale, je félicite notre avocat pour sa prestation. Déclamer des insanités n'est pas forcément facile. Il sourit et nous raconte la réaction de son assistante, qui a dû taper les attestations :

« Maître, excusez-moi… il faut vraiment que je tape toutes ces cochonneries ? J'ai du mal ! »

« Hélas oui, Camille, les manuscrits ne sont pas très lisibles, et il faut que je puisse lire ça sans aucune hésitation. »

Ce qu'il fit à merveille.

Gagner un procès tient parfois à peu de choses…

Gonflé !

C'est l'histoire d'un mec, Gontran, un salarié en apparence sans problème.

Un vendredi soir, très souriant, il salue ses collègues, annonce qu'il part en vacances pour trois semaines et qu'il a loué une maison dans les Pyrénées orientales.

La demande de congé est faite dans les règles.

Tout va bien.

Mais le samedi matin, le gars se voit prescrire trois semaines d'arrêt de travail avec repos indiqué dans les Pyrénées orientales ! Aïe ! Heureusement, le gars a loué une maison dans le coin…

Là où l'affaire se complique, c'est qu'il entreprend de « récupérer » ses congés. Les congés n'étant décomptés qu'à partir du lundi, l'arrêt de travail est donc antérieur aux congés et ceux-ci sont donc annulés.

Normalement…

Parce qu'il y a la règle et l'esprit.

Car forcément, vous imaginez bien que cette congruence vacances/arrêt maladie a de quoi me troubler !

Je décide à mon tour de « pousser le bouchon » et je tiens la position de l'équité : pas question de lui restituer ses trois semaines de congés. Comme il a le droit pour lui, je verrai bien jusqu'où il osera aller pour les récupérer.

Et, comme vous pouviez vous y attendre, notre homme va se plaindre à l'inspecteur du travail.

Celui-ci demande alors à me voir. Il m'explique la règle, que je connais par cœur, et s'étonne que j'aie besoin de sa visite pour la faire respecter.

« Monsieur l'inspecteur, je connais la règle et je ferai ce que vous me direz de faire, mais auparavant, laissez-moi vous raconter toute l'histoire. »

Et je lui dévoile tout, par le menu : la demande de congés, tout à fait régulière, le départ en congé le vendredi soir, en pleine forme, l'arrêt de travail de trois semaines signé le samedi matin, avec repos recommandé à l'endroit même où le salarié a prévu de passer ses vacances.

« Maintenant que vous savez tout sur ce cas, je m'en remets à votre décision. »

À sa réaction, je devine que Gontran ne lui a pas tout raconté...

Et je n'ai plus jamais entendu parler de la récupération des congés.

Sale coup

« Chef, il faut que je vous parle ! »

Je vois à la tête de Justine que le sujet est grave et que je dois l'écouter sur le champ.

« Vous m'avez dit un jour que je pourrai venir vous parler en cas de problème grave… »

« Et c'est aujourd'hui ? »

« Euh, oui ! »

« Asseyez-vous. Je vous écoute. »

« C'est difficile à dire… »

« Dites-le comme ça vient ! »

« Est-ce que c'est vrai que vous quittez la Société ? »

Surpris, je prends un temps de respiration pendant que Justine poursuit.

« Monsieur, il y a des rumeurs qui circulent, qui disent que vous quittez la Société. »

« Justine, à ma connaissance, je reste dans la Société, mais il semblerait que d'autres aient des projets pour moi. D'où tenez-vous cette rumeur ? »

« Pour vous répondre, je voudrais que toute l'équipe soit là, parce que nous en avons déjà parlé entre nous. »

« Cela me semble être une bonne idée, Justine. »

Chantal prend la parole : « j'ai rencontré ce matin Monsieur Ivanoe, et à la fin de notre entretien, il a balancé "alors comme ça, votre chef nous quitte ! Bon débarras !". Je n'ai rien répondu et suis repartie. Nous avons ensuite croisé nos sources entre nous et elles disent toutes la même chose. »

« Merci Mesdames de votre franchise et de votre implication. Allons chacun de notre côté à la pêche aux informations pour en savoir plus, et tenons-nous au courant. »

Nous concluons rapidement que la rumeur vient de la DRH Corporate, et directement du nouveau DRH de la holding, lui-même.

Il est nouveau dans le Groupe. Je ne l'ai rencontré qu'une seule fois lorsqu'il a souhaité me parler de mon avenir. Mais en fait d'avenir, il a passé beaucoup de temps à me parler de ses vacances, de son bronzage, de sa moto, de sa montre, de sa bagnole, et a terminé en me disant : « on m'a dit que vous saviez vous servir d'un ordinateur, j'ai un poste de chargé d'études pour vous ». Merci patron pour le placard.

Je suis donc allé voir mon Président, celui de la filiale dans laquelle je travaille, elle-même, groupe international de plusieurs milliers de salariés. Je lui raconte que le nouveau DRH de la holding fait courir le bruit que je quitte la Société, et je lui pose la question de confiance : « êtes-vous au courant de quelque chose, et avez-vous besoin de moi ou non ? »

Il tombe des nues et le « oui » qu'il prononce sans hésiter me rassure je l'avoue. J'obtiens la même réponse auprès de mon DRH groupe. Mon avenir dans la société peut donc être envisagé avec plus de sérénité.

Il semblerait que le DRH holding peine à prendre ses fonctions et veuille intégrer quelques-uns de ses copains pour constituer une équipe « forte » pour construire son autorité et trouver sa place en faisant de la place autour de lui. Comme mon profil n'est pas celui d'un cireur de pompes, et que je ne veux pas du placard qu'il me propose, je suis la cible idéale.

Si le métier de DRH expose à ce genre de choses, j'apprécie moyennement la méthode. Modèle de lâcheté et de duplicité !

Ayant remis mon avenir entre les mains de mes deux patrons opérationnels, je décide d'ignorer le DRH de la holding, pariant sur le fait qu'à la longue, son comportement ne va pas plaire à son patron.

Pendant cette période, je reçois quelques visites, notamment de collègues qui viennent pour m'encourager à accepter, comme eux, les propositions du DRH de la holding. Au passage, ils insistent sur le fait que mon poste n'a plus d'avenir et que de toute façon, il va être supprimé un jour ou l'autre. Merci du soutien !

Au bout de neuf mois, le temps d'une gestation, le Président de la holding se sépare de son nouveau DRH.

Je respire mieux après cette nouvelle, et les mêmes collègues me considèrent à présent de nouveau comme quelqu'un d'important et auprès de qui ils aimeraient travailler. Et hop, les voici qui me demandent si j'ai des postes à pourvoir !

Mais la vie en décide autrement : reclassement externe pour l'un et préretraite pour l'autre

Vanitas vanitatis…

Enseignements :

• C'est grâce à la communication et au climat de confiance au sein de mon équipe que j'ai pu être informé et réagir.

• La confiance que mon Président et mon DRH Groupe avaient en moi m'a permis de briser l'omerta sur le sujet et d'en sortir à mon avantage.

• S'il vous prenait l'envie de diffuser une information fausse, soyez conscient du risque que vous prenez à ce que la vérité éclate au grand jour !

• Bravo et merci Justine de votre franchise et de votre courage. Car il en faut pour oser briser la spirale infernale de la rumeur qui gangrène tant d'entreprises !

Quelques mois plus tard, dernier rebond de cette histoire :

Au cours de l'entretien préalable d'une RRH d'établissement dont les résultats sont médiocres, je dis à l'intéressée :

« Sylvaine, vous êtes en train de me dire que vous avez parfaitement conscience, depuis plusieurs mois, que ça ne marche pas, que vous ne vous sentez pas à votre place. Pourquoi n'êtes-vous pas venue me le dire ? Nous ne sommes pas des sauvages et cultivons plutôt un esprit de famille RH. »

« Ben, je ne voyais pas trop à quoi vous serviez dans l'organisation, et puis à cette époque, tout le monde attendait votre départ. »

Glurp !

« Dommage pour vous, c'est vous qui partez et vous allez savoir à cette occasion à quoi je sers : c'est moi qui vais signer votre lettre de licenciement. »

Vous avez dit « protégé » ?

Les salariés titulaires d'un mandat syndical ou de représentation du personnel sont protégés par la loi, afin qu'ils puissent exercer leur mandat à l'abri des pressions de leur employeur.

Mais il est des circonstances dans lesquelles la protection se retourne contre le protégé.

Trois salariés se rendent coupables d'agression envers un collègue.

Parmi eux, il y a un salarié protégé.

Les deux salariés non protégés sont licenciés et perdent devant les prud'hommes.

Le salarié protégé reste dans la Société : l'inspecteur du travail refuse son licenciement.

Que croyez-vous qu'il arriva ?

Ce fut le protégé qui craqua !

Constatant que la protection peut servir à couvrir des injustices, les collègues vont rendre impossible la vie du salarié protégé :

Le voilà mis au ban et isolé dans son propre service.

Les collègues défilent dans son bureau pour venir déchirer sous son nez leur carte syndicale et la lui envoyer à la figure.

Plus personne ne mange avec lui le midi.

On ne le voit plus aller prendre un pot avec ses collègues.

Aux élections qui suivent, il obtient « 0 » voix !

Sa (sur) vie ne tient plus qu'à son mandat syndical.

De guerre lasse, le salarié protégé demande à partir dans le cadre de la préretraite ouverte à ce moment-là.

Deux longues années pour en arriver là…

Conscience tranquille ?

Ce jour-là, le Président et moi échangeons au téléphone lorsqu'il m'invite à le rejoindre dans son bureau :

« J'attends Richard d'un instant à l'autre, nous réglerons cette question plus vite tous les trois. »

Sur le chemin, je croise Richard sur le palier.

« Excuse-moi, mais je n'ai pas le temps de te parler, je suis attendu chez le patron. »

« Ça tombe bien, moi aussi ! »

À ce moment précis, Richard devient blême et ralentit le pas. Mais nous sommes déjà arrivés.

Alors qu'il entre directement par la porte qui donne sur le couloir, je passe par le secrétariat pour saluer Astrid, l'assistante du Président et lui signaler notre présence chez son patron, qui n'avait pas encore pris le temps de le faire.

Comme prévu, la réunion ne dure que quelques minutes.

Au moment où Richard et moi allons prendre congé, le Président me retient :

« Puisque tu es là, reste donc, j'ai un autre sujet à voir avec toi. Merci Richard, bonne soirée. »

Je ferme la porte qui donne sur le couloir et le Président me fait signe de fermer aussi celle qui donne sur le secrétariat. Nous sommes debout tous les deux et le Président arpente son bureau d'un air soucieux :

« Il va bien, Richard ? »

« J'ai l'impression, pourquoi ? »

« Tu as vu sa tête pendant la réunion, il était livide. »

« Effectivement. »

« Je me demande s'il n'a pas un truc sur la conscience. »

« Peut-être. Il faut que je te raconte quelque chose. »

« Vas-y ! »

« Avant d'arriver dans ton bureau, nous nous sommes croisés sur le palier, et Richard est devenu blême d'un seul coup lorsqu'il a compris que j'allais chez toi avec lui. »

« L'imbécile, il a pensé qu'il allait se faire virer ! »

« C'est ce que je me suis dit. »

« Ça veut donc dire qu'il a des trucs sur la conscience ! Mais quoi ? »

« Je n'en ai pas la moindre idée, mais je vais chercher. »

De retour dans mon bureau, je sollicite mes relais d'information dans la Division de Richard et je demande à Marie, ma fidèle assistante d'actionner ses propres réseaux.

La réponse arrive trois mois plus tard sous forme d'une découverte peu banale : celle d'un complot ourdi contre le Président par Richard, son patron américain à Rochester, et son fidèle bras droit. Tous les trois doivent monter d'un cran, l'américain prenant la place du Président à la faveur d'un scandale fabriqué de toutes pièces.

Le processus est déjà bien avancé et les conspirateurs en sont aux derniers préparatifs.

Fort de ces éléments, je retourne voir le Président pour l'informer de ce qui se trame.

Il s'étrangle mais se ressaisit immédiatement :

« Les cons, ils n'ont rien d'autre à foutre ! je vais leur en donner, moi, du travail ! »

Très peu de temps après, le Président lance une réorganisation accompagnée d'une vaste redistribution des responsabilités.

Personne n'a jamais rien su.

La confiance et la loyauté prospèrent toujours dans la discrétion.

Vive la mobilité interne !

Comme tout DRH qui se respecte, j'aime la mobilité interne. Elle constitue, avec la formation, les deux principaux points d'appui sur lesquels les salariés peuvent bâtir leur carrière.

Seulement, voilà ! Elle se heurte très souvent à de solides préjugés, en particulier à celui qui veut que la mobilité interne soit le « marché des crêpes ». Forcément, puisque les bons, on ne les lâche pas !

C'est ainsi qu'un jour, je pousse un gros coup de gueule en réunion de Direction, en leur faisant remarquer que tous occupent leur fonction depuis moins de trois ans : ils doivent donc être mauvais puisque leurs patrons les ont laissés partir !

Rémi est un des plus farouches pourfendeurs de la mobilité, mettant ses idées en pratique à plusieurs reprises pour se débarrasser de quelques « crêpes ». Pas vu, pas pris !

Mais un jour…

Rémi vient me voir pour licencier Germaine, une de ses collaboratrices, depuis plus de cinq ans au même poste, et soudainement devenue « incurable »…

Comme je ne me laisse pas convaincre par son argumentaire à deux balles, il quitte mon bureau en râlant et en promettant qu'on va voir ce qu'on va voir et qu'il trouvera un moyen de se débarrasser de Germaine.

Quelques semaines plus tard, il arrive dans mon bureau en bombant le torse :

« Vous qui aimez la mobilité interne, eh bien j'ai vendu, et bien vendu, cette pauvre Germaine à cet imbécile de Martin. Je lui ai fait l'article sur les compétences dont il allait bénéficier avec elle, et il m'a cru ! Bon débarras ! »

Je ne réagis pas.

Étonné que je ne dise rien, il insiste, mais n'obtient pas d'autre réponse que « chacun prend ses responsabilités ».

En venant me provoquer de la sorte, Rémi ne sait pas que j'ai une longueur d'avance sur lui, et que je sais des choses que lui ignore sur la nouvelle organisation.

Et c'est ainsi qu'il hérite, dans son nouveau périmètre de responsabilité, des activités et de l'équipe de Martin, et donc de Germaine.

Monsieur muscle

Il a la réputation de faire peur à tout le monde.

Son gabarit impressionne : 1 m 95 et 110 kg.

Toute l'année, il se promène en polo pour faire peur aux mecs avec ses biceps et essayer d'en imposer aux filles qu'il croise.

Le voilà qui débarque un jour dans le bureau de mon assistante pour tenter d'obtenir une information par une approche qu'il affectionne : la menace.

« Il », c'est Philippe, le leader du syndicat maison, une pointure dans l'art d'obtenir ce qu'il veut.

Dans le fond, c'est un type plutôt sympa, mais de temps en temps, il « perd le contrôle ».

Et dans ces cas-là, faut pas le contrarier, des fois qu'il deviendrait violent.

Il faut dire qu'il a acquis une solide réputation au cours d'une réunion du CSE en renversant la table pour se précipiter sur un élu d'une autre organisation qui ne partageait pas son avis. Ses copains du syndicat l'ont retenu in extremis.

En arrivant au secrétariat avec son copain, il est sûr de son coup.

Et le voilà qui se met à casser une règle et à tordre le bras d'un fauteuil en guise d'introduction, et réclame en hurlant une information qui ne lui est pas destinée, mais qu'il veut absolument avoir.

Marie ne se démonte pas.

Elle le regarde droit dans les yeux et lui dit doucement :

« Oh, Monsieur Philippe, vous en avez de ces biscoteaux ! »

Renversement de situation…
Philippe se liquéfie, bredouille trois mots et bat en retraite.
Il s'en va comme il était venu, sans l'information.

Marie et sa collègue de bureau frappent à ma porte.
Elles entrent en pleurant de rire.
« Monsieur, faut qu'on vous raconte… »

Un vrai bonheur de travailler avec des collaboratrices comme elles !

Une histoire de cycle

C’est l’histoire d’un chef de service, Denis, qui dirige une équipe de soixante ingénieurs et techniciens, rien que de la matière grise… et de la belle !

Il a dans son équipe un gars, Arsène, tout aussi diplômé que les autres, mais un peu paresseux et j’ose le dire, emmerdant. Vous savez, le genre de personne qui cherche toujours la petite bête. Et quoi de plus facile quand on travaille dans un service d’ingénierie !

Denis ne le SUPPORTE PLUS !

Il l’appelle un jour pour lui expliquer qu’il va réorganiser le fonctionnement du service, qu’il n’y aura plus de place pour lui. Il va donc falloir qu’il se cherche un point de chute !

Arsène est sonné et décide de contre-attaquer. Il va demander une protection au syndicat maison, et comme le syndicat cherche du monde, Arsène se retrouve, en quelques jours, propulsé délégué syndical.

Fort de cette nomination, Arsène retourne voir son chef avec un jouissif : « tu ne peux plus me virer » !

Lorsque Denis vient me voir pour m’expliquer qu’il ne peut pas garder Arsène, il trouve un DRH qui lui explique qu’il va devoir le garder.

Pas content, Denis !

Le temps passe et la réputation de Denis s’effiloche auprès des sphères supérieures.

Un jour, il est appelé par son directeur, Christophe, qui lui explique qu'il n'aura plus de place dans la nouvelle organisation qui sera annoncée dans quelques semaines, et qu'il va falloir qu'il se cherche un point de chute.

Denis est sonné ! Mais il contre-attaque. Il va demander une protection, mais à un autre syndicat qu'Arsène, et comme le syndicat cherche du monde, Denis se retrouve en quelques jours propulsé délégué syndical.

Et fort de cette nomination, il va voir son Directeur pour lui dire « tu ne peux plus me virer » !

Christophe vient me voir, m'explique qu'il ne peut pas garder Denis, et moi j'explique à Christophe qu'il va garder Denis.

Pas content Christophe !

Chacun conserve sa place et l'histoire s'arrête là…

Moralité

Évitez de faire à autrui ce que vous ne voudriez pas que l'on vous fasse.

Juste une mise au point

Cadre commercial de bon niveau, Gérald est le prototype du mec qui se croit supérieur aux autres, qui a toutes les nanas à ses pieds (c'est en tout cas ce qu'il fait croire…) et à qui personne ne résiste.

Grosse gourmette, grosse montre, gros biceps, grosse bagnole, grande gueule, il coche toutes les cases du type à succès, celui qui vous parle abondamment de ce qu'il fait pour entretenir son corps, parce que, quand même, admettez qu'il est sacrément bien gaulé !

Et comme l'équipe RH du siège est composée de six jeunes femmes entre 25 et 40 ans, il traîne régulièrement dans nos bureaux, cultivant l'adage « qui ne tente rien n'a rien. »

Il est tellement lourd qu'elles l'ont vu venir à des kilomètres, mais j'ai dû les mettre en garde contre les rumeurs que l'intéressé ne manquerait pas de faire courir en cas de râteau.

Sûr de son charme irrésistible, il ne renonce pas.

« Salut les louloutes ! »

L'équipe RH est en pleine réunion improvisée dans le couloir qui dessert uniquement nos bureaux. C'est une pratique fréquente parce que nous vivons avec nos portes ouvertes et que la communication entre nous se fait ainsi en temps réel.

Gérald est de retour à notre étage pour faire valoir ses qualités de séducteur.

En entendant cette salutation, je sors de mon bureau et nous arrivons en même temps devant l'équipe RH, Gérald d'un côté et moi de l'autre. Sans dire un mot, je le fixe droit dans les yeux et lui indique, par un mouvement de l'index, de me suivre dans mon bureau.

Gérald entre, je ferme la porte et lui fais signe de s'asseoir, toujours sans dire un mot. Je m'assieds en face de lui et le fixe en silence. Ce silence devient très vite insupportable pour lui. Il se remue sur son fauteuil en regardant par terre.

« Gérald, regardez-moi dans les yeux... j'ai dit dans les yeux, et écoutez bien ce que je vais vous dire car je ne le répéterai pas : ce que j'ai entendu dans le couloir, c'est la première et la dernière fois ; après, c'est la porte ! »

Il hoche la tête pour m'indiquer qu'il a reçu le message. Il sort de mon bureau en regardant par terre et sans desserrer les dents, passe devant l'équipe RH sans lever les yeux et disparaît au bout du couloir.

Dans la seconde qui suit, toute l'équipe est dans mon bureau.

« Qu'est-ce qu'il voulait ? »

« Rien de précis, mais j'en ai profité pour lui passer un message ! »

Échange de regards...

Jamais plus on ne le revit pour d'autres motifs que le travail.

La courbe de l'innovation

Je vous parle d'un temps
Que les jeunes de vingt ans
Ne peuvent pas connaître

Extrait de *la bohème*, interprétée par Charles Aznavour

Imaginez une époque où l'on travaille avec des outils rudimentaires : papier-crayon-gomme-calculette.

L'informatique existe, bien sûr, mais elle est cantonnée à une machine à produire des tonnes de papier, les fameux listings qui livrent les résultats dont les RH ont besoin pour travailler.

Avec le progrès technique, arrive le jour où nous voyons poindre les micro-ordinateurs et pas longtemps après, la connexion à un réseau, interne, ça va de soi.

La révolution qui se présente pour nos méninges RH, c'est de passer en quelques mois de la culture du papier-crayon-gomme-calculette et du « système de production de listing », au micro-ordinateur connecté.

Toute la Société est concernée par ce grand chamboulement. Chaque unité, en fonction de ses besoins, a défini un plan pour changer de mode de travail, un truc rationnel, organisé, avec des modes d'emploi. En un mot, avec un plan aussi bien ficelé, il n'y a plus qu'à appuyer sur le bouton et tout va se mettre en place en appliquant le processus défini.

Ça, c'est ce que vont faire toutes les unités de la Société.

Sauf les RH.

Mon grand chef me dit : « vous êtes notre chef de projet, quel est votre plan ? »

« Chef, si je puis me permettre, je n'ai pas de plan, mais une approche. Elle répond à une préoccupation unique : comment faire boire un âne qui n'a pas soif ? Vous connaissez la nature humaine. Lorsque les gens voient arriver un grand plan avec des injonctions, ils se cabrent et mettent des bâtons dans les roues. Le plan initial prend beaucoup de retard, coûte plus cher que prévu et fabrique des ressentiments. Je pense que nous avons mieux à faire. »

« Et vous allez faire quoi ? »

« Travailler au quotidien avec les équipes RH. Avancer pas à pas. Un changement pareil ne peut pas se décréter. Il faut miser sur l'appropriation par les personnes, chacune à son rythme. Et comme nous n'avons pas de droit à l'erreur, soyons pragmatiques ! »

« Je ne vois pas bien, mais c'est votre responsabilité, alors, faites ce que vous voulez. »

« Merci patron ! »

Première étape : trouver les « personnes qui ont soif ». Ce n'est pas très difficile. Ce sont les deux personnes dont le travail va être le plus rapidement allégé, simplifié, fiabilisé. Ce qu'elles font ? Taper des PV de CE au kilomètre pour l'une, et fabriquer des tableaux de bord pour l'autre. Elles comprennent tout de suite l'intérêt qu'elles vont avoir à utiliser ces nouveaux outils. Je les équipe, je les bichonne et je les valorise en les aidant à montrer aux autres ce qu'elles parviennent à faire avec ces nouveaux outils.

Ce faisant, elles créent de l'envie chez leurs collègues qui demandent à leur tour à leurs managers de bénéficier de ces outils. Leurs arguments sont ceux du bon sens : plus de rapidité, plus de fiabilité, meilleure présentation. Et petit à petit, les différents services de la DRH s'y mettent. Le procédé de la goutte d'huile fonctionne à merveille. La petite goutte du départ va progressivement imprégner tout le tissu social.

C'est facile, c'est pas cher, et ça rapporte gros : aucune difficulté, aucun retard et aucun surcoût !

Mais nous avons notre village gaulois, qui résiste vaillamment. La patronne du service crie très fort depuis le début qu'elle ne veut pas de ces nouveaux trucs, que son système lui va très bien et que personne n'installera ça chez elle. Alors je passe voir régulièrement ces villageois réfractaires pour les rassurer et leur dire que nous les avons entendus et qu'ils n'auront pas ces nouveaux outils.

Simultanément, les personnes qui se sont mises à ces nouveaux outils se répandent auprès de leurs collègues pour en vanter les mérites, et ces mérites arrivent jusqu'aux oreilles des villageois réfractaires. Au point que certains commencent à se demander pourquoi ils n'auraient pas, eux aussi, droit à ces outils.

Et lorsque la question m'arrive, je ne me précipite pas : je confirme que leur demande de ne pas en bénéficier sera exaucée.

Jusqu'au jour où je suis convoqué par mon grand chef :

« Amédée, qu'est-ce que c'est que ce bordel ! Béatrice (la patronne du village gaulois) sort de mon bureau et m'affirme que vous ne voulez pas équiper son service avec les nouveaux outils. Or je vous rappelle que ces nouveaux outils concernent toute la DRH ! »

« Gagné ! »

« Pardon ? »

« Oui, c'est gagné : comme elle n'en voulait pas, je suis passé régulièrement pour lui dire de ne pas s'inquiéter et qu'elle n'en aurait pas. Si elle a changé d'avis et qu'elle demande à ce que son service soit équipé, il n'y a pas de problème, ce sera fait, et comme ils sont devenus demandeurs, cela marchera bien. »

« Amédée, vous n'êtes qu'un horrible manipulateur. Mais j'avoue que votre méthode est efficace. »

« Manipulateur est un bien grand mot. Je prends la nature humaine dans le sens qui va lui permettre d'avancer à son rythme et pour sa plus grande satisfaction. »

Quelque temps après sonne l'heure du bilan : l'ensemble de la DRH a été équipé sans faire de vagues, sans retard et sans surcoût.

Partout ailleurs, les « plans » ont semé le désordre, pris du retard et généré des surcoûts.

La morale de cette histoire

Le changement ne s'impose pas, il infuse.

Il commence avec les volontaires, les pionniers de l'innovation, indépendamment de toute considération hiérarchique.

Il avance avec pédagogie et douceur, hors de toute considération de pouvoir.

Il se déploie en s'appuyant sur les collègues qui ont compris les enjeux du changement.

Il s'inspire du principe d'Archimède :

Tout changement introduit dans un corps social,
provoque de la part de ce corps social,
une manifestation de rejet
directement proportionnelle
à la vitesse d'introduction du changement.

C'est qui la Direction ?

La Société a engagé une restructuration très lourde consécutive à une perte de 40 % de son chiffre d'affaires en quelques mois. Mais les organisations syndicales ne l'entendent pas de cette oreille ! En effet, un an auparavant, l'ancienne Direction générale leur avait promis qu'il n'y aurait plus jamais de restructuration.

Elles lancent donc une action en justice pour bloquer la procédure.

La nouvelle tombe : elles ont gain de cause.

Comme je connais ma Présidente, et qu'elle est du style à passer outre, j'ai verrouillé ma position auprès du Président du Groupe : on arrête tout et on avise.

Deux jours passent. J'en profite pour passer le message à tous les collègues.

La Présidente, elle, fait le choix d'avancer et convoque tous ses Directeurs, à l'improviste.

Tout le monde sent que la situation est tendue

Nous voilà tous entassés dans une petite salle où il ne reste qu'une seule chaise libre, dans un coin.

C'est une sorte de réunion de crise et chacun doit lui présenter ce qu'il va faire pour avancer dans cette situation de blocage judiciaire.

Le tour de table commence.

Le premier à s'exprimer se fait laminer tant ses propositions sont timorées.

La porte s'ouvre alors.

Le Président du Groupe entre et se glisse sur la dernière chaise libre :

« Faites comme si je n'étais pas là. »

Le Directeur financier se fait laminer à son tour.

Puis vient le tour du patron de l'informatique.

« Robert, je vous ai demandé de me faire un nouveau plan et d'augmenter le nombre de licenciements dans votre secteur. Où en êtes-vous ? »

« Je n'ai pas avancé, Madame ! »

« Comment ça, pas avancé ? »

« Ben oui, la Direction me l'a interdit. »

La Présidente, écarlate : « Pardon ? Mais c'est qui la Direction, dans cette boutique, bordel de merde ? »

Il hésite une seconde puis se lance :

« C'est lui », dit-il en pointant son index dans ma direction.

« Lui ? Et vous me dites ça à moi ! Vous ne manquez pas d'air ! »

Le Président du Groupe sourit mais ne dit rien.

Je ne dis rien non plus, mais je suis tranquille parce que ma position est assurée.

« Bon, eh bien, puisque la di-rec-tion a décidé de ne plus bouger, nous n'avons plus rien à nous dire. Au revoir Messieurs. »

Moralité

Un petit clic vaut mieux qu'un grand choc…

La punition au porte-monnaie
Épisode 3

Marie passe la tête dans mon bureau :

« Monsieur, y a urgence. Henri est au secrétariat et demande à être reçu. Il ne va pas bien du tout. »

Je connais bien Henri, le patron de la logistique. C'est un solide gaillard, 58 ans, connu dans la société depuis plus de vingt ans pour sa compétence, son sérieux, sa loyauté, sa capacité à mobiliser ses équipes. Bref le genre de gars que l'on apprécie.

Mais voilà, les mouvements de rachats et de ventes d'activités ont bouleversé son périmètre de responsabilité et Henri, autodidacte totalement investi au service de la société, se retrouve sous les ordres de Jean-Eudes, jeune diplômé totalement investi au service de sa carrière.

Les premières semaines de collaboration sont encourageantes, mais très vite, Jean-Eudes ne supporte plus Henri. Son côté jeune loup, profil international, diplômes longs comme le bras et dents, qui rayent le parquet, lui font mépriser Henri et son certificat d'études. Il n'a plus qu'une idée en tête : s'en débarrasser.

Mais Jean-Eudes sait bien que Henri dispose d'un capital de confiance et de sympathie dans l'entreprise.

Il déploie alors un de ses meilleurs savoir-faire : le harcèlement.

Comme il ne peut pas virer Henri, c'est Henri qui finira par demander à partir.

Henri se trouve en ce moment dans mon bureau.

Il pleure autant qu'il parle.

« Vous vous rendez-compte que j'en arrive à me dire qu'il faut que je le supprime pour en sortir. »

Je le regarde sans dire un mot et le laisse s'exprimer.

« Je ne vais quand même pas le tuer ! Il veut me foutre à la porte ? OK, mais il va falloir qu'il crache au bassinet. Ou bien, je porte plainte au pénal contre lui pour harcèlement. Ou bien c'est moi qui saute par la fenêtre. Mais il faut que ça s'arrête. Vous voyez, je suis tellement paumé que j'en suis réduit à venir chialer chez vous. »

« Henri, j'ai bien entendu votre message et je m'engage à vous proposer une solution. Accordez-moi 24 heures. »

« Je vous fais confiance. On se voit demain. »

Henri à peine sorti, je fonce chez mon DRH groupe et chez le Président pour leur expliquer la situation et leur proposer une solution. J'insiste sur l'urgence de prendre une décision très très vite : à vrai dire, sur le champ, pour empêcher Henri d'aller au pénal.

Messieurs, voici la solution que je vous propose :

1. Vous recevez Jean-Eudes pour lui « expliquer » qu'il va devoir indemniser Henri de façon significative et changer fondamentalement de comportement à son égard ;
2. Je revois Henri pour lui expliquer qu'il va conserver ses fonctions et que nous allons l'indemniser de façon significative dans le cadre d'une transaction confidentielle ;
3. Nous expliquons aux deux qu'ils vont être « séparés », que d'ici là, leurs relations seront minimalistes et factuelles, et qu'ils feront un point hebdomadaire avec le Directeur général.

Je revois Henri comme convenu. Je lui annonce les décisions et lui propose un texte de transaction assorti d'un montant – qu'il trouve généreux – et d'une clause de confidentialité.

Il signe sur le champ !

Arrivé en pleurs et voûté dans mon bureau, il ressort bien droit et en sifflotant.

Mon équipe se précipite aux nouvelles :

« Il arrive en pleurant et ressort en sifflotant. Vous lui avez fait quoi ? » demande la plus jeune.

Et l'ancienne de lui répondre : « il lui a rendu sa dignité ».

Épilogue

Jean-Eudes constate que le montant de la transaction vient chahuter son bonus.

Il proteste et tente d'en faire réduire le montant. Sans succès.

Mais cette démarche le discrédite auprès du Président :

« On le sauve de la correctionnelle et il se comporte comme un petit boutiquier. »

Travailler dans l'ombre…

La vie professionnelle dresse parfois sur votre route des difficultés que vous n'avez pas imaginées et que vous devez pourtant résoudre.

La difficulté dont je vais vous parler se nomme Jacqueline.

Jacqueline est la toute-puissante patronne du puissant syndicat maison, un profil comme on en rencontre une fois dans une vie, et encore… Dure, vindicative, agressive, elle agit et réagit en permanence comme une personne qui a le dos au mur. Elle flirte toujours avec la ligne rouge de la violence mais ne la dépasse jamais. Hyper contrôlée, elle cultive une prudence de bon aloi. Mais utilise les mots pour blesser, et ça, elle le fait très bien. Les dirigeants de l'entreprise en ont tous fait les frais, ceux-là mêmes qui l'ont façonnée, fait monter en puissance et choyée pour avoir un syndicat « à leur main ».

Hélas pour eux, la marionnette qu'ils ont fabriquée prend un jour son autonomie et se révolte, devenant en un instant un commissaire politique épouvantable.

Petite remarque à ce stade : ce type de profil ne se rencontre quasiment jamais chez les leaders syndicaux qui appartiennent à une Fédération. Car la Fédération est la base arrière, la maison mère, le recours vers lequel ils peuvent toujours se tourner pour y trouver assistance. Ils n'agissent donc pas comme des gens qui ont le dos au mur, à la différence de Jacqueline qui n'a d'autre recours qu'elle-même.

Jacqueline, donc, fait régner la terreur au siège social depuis au moins vingt ans.

Mais voilà que la mise en œuvre d'une nouvelle organisation délocalise son service à l'usine, très loin du siège.

Et elle ne veut pas y aller. Mais alors pas du tout !

Pas question de renoncer à son trône et son pouvoir.

La Société n'a aucun poste à lui proposer dans la nouvelle configuration du siège social où il ne reste que des fonctions commerciales, marketing, comptables, RH et Direction générale. Et Jacqueline est technicienne d'essai prototype en mécanique.

La partie s'annonce sportive…

Car il faut trouver une solution pour éviter de payer quelqu'un à ne rien faire !

J'élabore donc une stratégie et rencontre le Président et le DRH Groupe pour la faire valoir.

En guise d'encouragements, le Président me donne un coup sur la tête :

« Je n'y crois pas à votre truc, ça ne marchera pas ! Je connais bien Jacqueline, c'est foutu ! »

« C'est vrai que cela va prendre un peu de temps, mais… »

« Et puis, après tout, je ne vois pas pourquoi je vous dis ça ? Vous voulez y aller, eh bien, allez-y, mais ce serait bien que ça marche, sinon… »

Sur ces mots, le président s'en va.

Je reste avec le DRH Groupe qui se gratte la tête, coincé entre la nécessité de trouver une solution et le Président qui ne croit pas à la mienne. Et comme il n'a pas d'autre plan à proposer, il s'en va à son tour : « vas-y ».

Et j'y vais.

***

On pourrait écrire un livre pour décrire dans le détail le déroulement de cette histoire. Il faut dire qu'elle va durer deux ans et demi. Et au final, Jacqueline accepte sa mutation à l'usine.

***

Deux ans et demi ont passé.

Le Président lance une invitation à déjeuner.

Sont conviés : la Directrice générale, le DRH groupe et moi.

Aucun des invités ne connaît le pourquoi de cette invitation.

D'emblée, le Président se lance sur le cas de Jacqueline, cas exemplaire à ses yeux :

« Cela montre bien que lorsque la Direction générale décide une chose, elle parvient à ses fins. »

Les trois invités se regardent et attendent la suite…

« Ce ne sont quand même pas ces gens-là qui vont nous dicter notre conduite. Jacqueline devait rejoindre son service à l'usine et elle l'a fait parce que nous lui avons montré que nous étions les plus forts. Il faut bien que ces gens-là sachent qui dirige cette société ! »

La Directrice générale me regarde et le DRH groupe se tourne vers le Président.

Le Président me regarde :

« C'est vrai que c'est surtout vous qui avez travaillé sur ce dossier : je n'en ai jamais entendu parler. On peut donc dire que ce succès est surtout le vôtre. »

« Merci Monsieur. »

« Alors je propose que nous trinquions à notre réussite ».

La morale de cette histoire :

- Le Président n'en a pas entendu parler pendant deux ans et demi (Il connaissait bien Jacqueline parce qu'il avait été un artisan très actif dans la constitution d'un syndicat maison « à sa main ». Ne sachant pas quel type de relations il continuait – ou pas – à entretenir avec Jacqueline, je voulais le tenir éloigné le plus possible pour éviter toute fuite.)
- Il y a des stratégies, surtout indirectes, qui gagnent à être déployées avec discrétion.
- Il faut savoir parfois travailler seul et ne demander des renforts qu'aux moments cruciaux.

• Tout le monde doit oublier que la société doit résoudre ce problème.

• La Société doit se concentrer sur son activité et son avenir.

Ce soutien de « l'ouvrier de la dernière heure » m'a fait oublier que j'ai travaillé pendant deux ans et demi avec un révolver sur la tempe.

Cela fait du bien de se sentir soutenu…

Revue de personnel

Ils sont venus, ils sont tous là, les DRH du siège et des filiales de ce grand groupe.

L'occasion est fortement symbolique. La Direction des Ressources humaines du Groupe va s'appliquer à elle-même ce qu'elle recommande dans toutes les unités du groupe : se livrer à une revue de personnel de tous les cadres de la fonction et envisager leur évolution professionnelle.

L'exercice se passe plutôt bien et nous faisons mentir le proverbe des cordonniers qui veut qu'ils soient toujours les plus mal chaussés.

C'est alors qu'arrive l'examen du cas de Claire, sensible parce que tout le monde sait que le grand chef, Maximilien, l'aime beaucoup.

Claire est une jeune femme que tout le monde apprécie parce qu'elle fait du bon boulot comme chargée de mission auprès d'Aymeric, DRH chargé du développement des RH. Le tour de table est tout à fait éloquent : tous ceux qui ont eu affaire à elle sont enchantés de son travail et de la qualité de ses dossiers.

Surfant sur la vague des compliments qu'il reçoit pour sa collaboratrice, Aymeric nous propose de la promouvoir « DRH en titre » dans une unité du groupe où le poste va se libérer.

Jusque-là, tout est normal puisque c'est dans ce genre de réunion que se décide l'avenir professionnel des cadres de la fonction.

Maximilien prend acte de cette proposition et demande à chacun un avis argumenté sur cette proposition.

Commence un nouveau tour de table.

Le fait est que je serai le dernier à prendre la parole.

Chacun des participants s'exprime pour tresser les louanges de Claire. Les femmes comme les hommes lui trouvent de grandes qualités intellectuelles, une grande rigueur dans le montage de ses dossiers, une loyauté irréprochable à la fonction.

Et quand vient mon tour, je suis un peu embarrassé, parce que les collègues ont dressé un magnifique portrait de Claire comme « chef de cabinet », mais pas comme « DRH en titre » d'un établissement.

Maximilien a flairé le coup :

« Toi aussi, tu vas nous dire qu'elle fait des dossiers irréprochables, qu'elle est intelligente… »

« Oui et non. Mais ce n'est pas le problème. »

« Comment ça ? »

« C'est vrai que Claire fait des dossiers remarquables, mais en disant cela, nous lui faisons un brillant avenir comme "chef de cabinet", pas comme DRH de terrain, ce qui est la proposition d'Aymeric. »

« Explique-toi, Amédée ! »

« D'abord, les qualités que nous lui trouvons ne sont pas celles qu'elle mettra en pratique au quotidien comme DRH de terrain. Et puis, surtout, il y a quelque chose qui me chiffonne. Au-delà de ses qualités intellectuelles et de sa loyauté à la fonction, Claire a une faiblesse d'ordre personnel, affectif, qui fait qu'elle ne va pas supporter très longtemps les tensions et les conflits inhérents à ce type de fonction. Et dès qu'un manager ou un représentant du personnel aura trouvé la "faille dans l'armure", il va s'y engouffrer, et les autres après lui. Claire va souffrir et risque de voler en éclats.

Est-ce vraiment cela que nous voulons pour elle ? Est-ce un service à lui rendre que de la nommer à ce poste ? Je le dis avec d'autant plus de conviction que j'apprécie Claire et que je n'ai pas du tout envie de lui faire un mauvais coup. »

Et là, les langues se délient…

« C'est vrai qu'elle n'a pas une grande capacité d'encaisse… » risque le premier.

« Elle s'affole un peu vite quand on la met sous pression... » enchaîne le deuxième.

« Elle traîne une image d'intello un peu hautaine, pour qui faire de la paie et calculer des congés sont à la portée du premier venu... » poursuit le troisième.

« STOP ! J'en ai assez entendu, lâche Maximilien ! À quoi servent ces réunions si personne n'ose dire vraiment et de façon argumentée ce qu'il pense ? Si ce n'est qu'un club de cireurs de pompes, je n'en ferai plus ! Sans Amédée et ses gros sabots pour oser dire tout haut ce que tout le monde pense tout bas, nous allions faire deux grosses boulettes : promouvoir Claire à un poste qui n'est pas fait pour elle, et passer pour des buses et des incapables aux yeux des managers... un vrai cas d'école pour le proverbe des cordonniers ! »

« Attends, Maximilien, il y a une solution : pour que Claire puisse évoluer sans prendre le risque de se briser en plein vol, il lui faut un poste abrité, comme celui de RRH du siège de la filiale Technelec. » C'est un petit établissement (moins de 200 personnes), donc le tissu social est tranquille et où vit Aristide, le DRH de Technelec. Elle ne sera donc pas livrée à elle-même et bénéficiera de la protection rapprochée de son DRH.

Aristide proteste :

« Autrement dit, nous la nommons DRH du siège et c'est moi qui fais le job ! »

« Non, Aristide, tu surveilles, tu jettes un œil, tu supervises, juste pour éviter qu'elle ne fasse des gaffes et pour la protéger des coups. Bien confortée au départ, je suis certain qu'elle va s'y mettre. »

« T'es gentil, Amédée, on voit bien que ce n'est pas toi qui vas faire le boulot. »

Maximilien tranche : Claire prend le poste de RRH du siège de Technelec, sous la houlette d'Aristide.

Épilogue

Aymeric se prend deux avoinées bien tassées : l'une pour avoir proposé pour Claire un poste qu'elle ne peut pas tenir, et l'autre pour l'avoir fait comme DRH du Développement des RH et responsable du déploiement des revues de personnel…

Les DRH des filiales en prennent aussi pour leur grade, incapables d'oser parler vrai.

La DRS du groupe ramasse une double dose pour avoir d'abord nié le point faible de Claire – qu'elle connaissait – et nous avoir ensuite fait la leçon de n'avoir pas vu ça tout de suite…

Et moi je prends aussi ma ration pour ne pas avoir bloqué tout de suite les collègues…

« Mais, Maximilien… »

« Bon, ça va, tu m'as compris… »

Faire taire une rumeur

Depuis quelques semaines, la rumeur court au siège social que toute l'équipe de direction de la division *Chimie fine* va prendre son indépendance et déménager dans de nouveaux locaux.

Interpellé par le CSE sur le sujet, je confirme en réunion qu'aucun projet de cet ordre n'existe, et que s'il y en avait un, le CSE serait naturellement consulté.

Mais les rumeurs ne se taisent pas.

Trois semaines plus tard, elles se sont amplifiées.

Mon équipe me confie son inquiétude :

« Monsieur, il va bien falloir faire quelque chose, tout le monde parle de ce projet et les représentants du personnel s'agitent. »

« Vous savez bien que pour qu'il y ait projet officiel, il faut que nous présentions quelque chose au CSE pour lui expliquer les tenants et les aboutissants du projet de déménagement. Or, jusqu'à aujourd'hui, je n'ai été saisi de rien. Et Daphné – la patronne de la division – sait très bien qu'elle ne peut pas déménager en cachette ! Quant aux rumeurs, il n'appartient pas à la Société de les confirmer ou de les infirmer. »

Le temps passe et les représentants au CSE demandent à me voir :

« Monsieur Airache, la dernière rumeur fait état d'un déménagement la semaine prochaine à trois kilomètres d'ici, dans des locaux tout neufs. »

« Oui, j'en ai entendu parler, mais je peux vous garantir qu'il n'existe aucun projet officiel. »

Les membres du CSE à peine partis, je demande à parler au Président. Comme il a son bureau auprès de l'actionnaire, à une vingtaine de kilomètres, il ne vit pas au siège et n'a pas dû avoir vent de ces rumeurs.

« Monsieur, il y a un point que je veux éclaircir avec vous, c'est le déménagement de… »

« Quel déménagement ? »

« Celui de la division *Chimie fine.* »

« Pardon ? »

« Ils ont trouvé des locaux neufs à trois kilomètres du siège et déménagent ce week-end. Or, Daphné ne m'a passé aucun projet pour le CSE. Nous allons droit vers un délit d'entrave ! Avant d'en parler à Daphné, j'ai besoin de connaître votre position. »

« C'est tout vu ! J'appelle Daphné. »

De retour dans mon bureau je réunis mon équipe pour faire le point.

Les membres du CSE demandent à me voir :

« Vous savez qu'ils déménagent ce week-end ! Ils ont déjà commencé à faire leurs cartons. »

« On verra bien. À lundi ! »

Lundi matin.

Tout le monde est au bureau.

Les salariés de la division *Chimie fine* sont toujours là.

Les plus empressés à déménager défont leurs cartons.

Nathan, le responsable des moyens généraux est dans mon bureau :

« Je fais quoi, moi, maintenant, avec ces locaux ? »

« Vous, rien ! Daphné va s'en occuper rapidement. »

« Mais alors, toutes ces rumeurs, c'était du vent ? »

« C'est probablement ce que Daphné va expliquer à ses salariés. »

Les mots magiques

Dans toutes les entreprises où je suis passé, j'ai toujours fait la tournée des bureaux le matin en arrivant, ou plus tard selon les circonstances.

Je tiens cette habitude de mon premier patron – un type du genre pas froid aux yeux, qui s'était illustré un jour en descendant seul dans la rue pour affronter 500 manifestants, sous le regard apeuré des salariés du siège qui contemplaient le spectacle depuis leur fenêtre :

« Quand tu seras chef, m'avait-il un jour confié, tu as quatre mots à connaître : bonjour, s'il-te plaît, merci et bravo. Le reste c'est de la littérature ! »

Et pour moi, le meilleur moyen de dire bonjour est de faire la tournée des bureaux. C'est ainsi que je fais la connaissance de Christine, l'une des personnes très connues dans l'organisation bien qu'elle occupe une place modeste sur l'organigramme. Je frappe à la porte de son bureau et entre.

« Bonjour Christine, quelles sont les nouvelles ce matin ? »

« Bonjour Monsieur, la météo est bonne, chacun est à son poste, et le carnet de commandes du recrutement est bien rempli. »

« C'est très bien. Y a-t-il un point sur lequel je peux vous aider ? »

« Ma foi non. Mais je retiens l'idée ! »

Je vais pour quitter son bureau.

« Je peux vous dire quelque chose ? »

« Oui, bien sûr. »

« Vous passez tous les matins pour nous saluer dans nos bureaux. C'est très bien, mais ne vous sentez surtout pas obligé de le faire. Vous savez, des chefs, j'en ai connu depuis vingt-cinq ans que je travaille. Les chefs de service qui arrivent, s'enferment dans leur bureau et ne vous saluent que lorsqu'ils ont besoin de vous, c'est la majorité. Mais soyons justes, j'en ai connu quelques-uns qui passaient dire bonjour de temps en temps. En revanche, des Directeurs, jamais ! Vous êtes le premier. »

« Et ça vous ennuie ? »

« Non ! Pour une fois qu'un Directeur vient nous voir dans notre bureau, s'intéresse à ce que nous faisons, et propose son aide ! On aime ! Surtout, n'arrêtez pas ! »

Non seulement je n'ai pas arrêté, mais ce petit rituel, fondamental dans le management d'équipes, a eu pour effet de créer un mouvement.

« L'exemple vient d'en haut », disait ma grand-mère. Petit à petit, les uns et les autres se sont mis à faire le tour de l'étage pour se saluer. Et c'est ainsi que des personnes qui ne faisaient que se côtoyer ont commencé à tisser des liens.

Épilogue

Cela s'est su dans la maison et les candidatures en mobilité interne se sont multipliées.

Le salaire de la peur

Le groupe vient d'acheter un établissement dans le nord de la France, à Valenciennes. C'est une belle usine métallurgique qui fait travailler 500 personnes avec un vrai savoir-faire. Les résultats sont bons et pourtant des soucis sociaux existent.

Comme toujours, il y a les chiffres et il y a le réel.

Mais le dossier RH a été gentiment mis de côté…

« On verra plus tard », me dit le président.

Et on a vu.

Une fois entrés dans les lieux, deux choses nous frappent d'emblée :

1. Le management a une très haute estime de lui-même : tous les membres du comité de direction sont intimement convaincus qu'ils sont « très bons ». Et ils sont forcément très bons vu le prix auquel ils sont payés ;

2. Les salaires des managers sont délirants : entre 30 et 50 % au-dessus du marché.

Or, d'un point de vue strictement professionnel, il s'avère à l'expérience que les managers ne sont pas aussi bons que leurs salaires le laissent entendre. Ils sont même on ne peut plus… ordinaires !

Mais alors, pourquoi les payer un tel prix ?

Une plongée dans les dossiers avec le DRH local et les managers opérationnels conforte mon intuition.

La politique de rémunération des managers a été fixée par l'ancien actionnaire, un fonds de pension américain qui a vendu aux dirigeants qu'ils sont sous-payés compte tenu de leur niveau. Les dirigeants de l'usine n'ont donc pas refusé les salaires mirobolants que leur a fixés l'actionnaire.

Et ils mordent d'autant mieux à l'hameçon qu'ils sont persuadés que les Américains ne proposent jamais de tels salaires à des dirigeants sans de très bonnes raisons.

Ça, ce n'est pas faux.

Seulement les dirigeants se sont trompés sur les raisons.

Ces gros salaires ne leur sont pas donnés parce qu'ils sont « bons ». Les bonnes raisons de l'actionnaire américain sont d'obtenir un comité de direction « à sa botte ».

Et la méthode est imparable.

Au prix auquel ils sont payés, les dirigeants ne peuvent pas se recaser sur le marché sans une chute importante de leur salaire. Cela les rend vulnérables et ils deviennent rapidement taillables et corvéables. Comment s'opposer à un actionnaire qui vous a fait un « pont d'or » ? Et de taillables et corvéables, ils deviennent aussi des exécuteurs de basses œuvres et avaleurs de couleuvres.

Sur le terrain social, les ordres de l'actionnaire sont simples :

- Mettre le Code du travail « de côté » ;
- Pas de syndicat, pas une heure de grève, pas de CSE ;
- Embauches en CDI au compte-gouttes ;
- Postes opérationnels du bas de l'échelle pourvus au maximum par des intérimaires et des CDD : on use les motifs jusqu'à la corde et on n'hésite pas à les trafiquer.

Tout cela figure dans les bonus des dirigeants, avec les mots qui vont bien, le tout écrit en anglais et archivé à « Winchester », le siège de la maison mère.

L'argent est le cœur du système de management.

Les dirigeants n'ont aucune marge de manœuvre sociale et doivent en référer en permanence à Winchester.

Et puis un jour, catastrophe ! Panique à l'usine : un ouvrier vient présenter sa lettre de nomination comme délégué syndical !

Le comité de direction en réfère à Winchester.

Winchester dépêche immédiatement William, un émissaire doté des pleins pouvoirs pour régler le problème. À peine William débarqué à l'usine, le délégué est convoqué.

William parle le français…

Le DRH essaie timidement de faire comprendre à William que le délégué n'est pas un gars facile.

La réponse de William est un modèle du genre : « chacun a un prix » !

Il s'enferme avec le délégué et après une longue discussion, celui-ci ressort avec un gros chèque, je dirais même plus, un très gros chèque : 200 000 € (soit 10 ans de salaire). En échange de quoi il signe les papiers qui vont bien (transaction, démission) et disparaît instantanément.

Le DRH est chargé de régler les questions administratives de sorte que tout le monde se taise et que personne n'en sache rien :

« À un moment donné, on ne peut plus en sortir autrement qu'en faisant des faux », me confie-t-il. Terrible aveu à son nouveau patron RH.

Je raconte ça à mon président et je vois qu'il tord le nez : il avait renvoyé le dossier RH à plus tard.

« Attends, ce n'est pas tout. Cette histoire est révélatrice, mais elle est terminée. En revanche, ce qui commence, ce sont les emmerdements, parce que les salaires des dirigeants de l'usine de Valenciennes vont forcément finir par se savoir et très vite tu vas avoir des revendications salariales des autres comités de directions de nos cinq usines. »

Ce qui ne manqua pas d'arriver.

Mais ceci est une autre histoire.

Moralité

À vouloir remettre à plus tard la question des ressources humaines, on risque de se retrouver confronté à de gros ennuis…

Gérer les surprises…
Épisode 1

J'ai convié tous les cadres de la fonction RH en France à un séminaire de trois jours. Il s'agit de les faire travailler sur deux aspects essentiels dans notre métier :

1. Oser et agir ;
2. Accepter de se laisser surprendre et réagir à la surprise.

Ces thèmes sont des classiques du métier et mon objectif est de constituer une équipe ayant des bases communes, des réflexes communs et un professionnalisme reconnu.

La fonction RH ne peut être reconnue si elle donne le spectacle d'une fonction où chacun travaille dans son coin en appliquant ses propres méthodes. La cohésion et la cohérence sont vitales.

Or, autour de la table, certains sont dans une logique du « chacun pour soi ». Les participants se connaissent déjà un peu et comme dans toutes les réunions de famille, il y a ceux qui veulent se montrer et ont besoin de se faire valoir auprès des autres.

L'animation a été confiée à deux intervenants extérieurs à qui j'ai évoqué la situation en toute transparence.

Pour moi, la valeur maîtresse de ces trois jours est « loyauté ». À chacun de la décliner aussi bien envers ses collègues qu'envers la fonction qu'il représente et la Société. Les exercices, jeux de rôle et autres travaux en petits groupes sont là pour que chacun puisse prendre sa place, que personne ne soit laissé sur la touche et que chacun puisse s'exprimer et se situer sur l'échelle de la loyauté.

L'animation commence par un traditionnel tour de table. Comme l'exemple vient d'en haut, c'est sur moi que tombe le premier exercice.

Et franchement, je ne l'ai pas prévu !

Nicole, l'animatrice, est en train de parler du thème « accepter de se laisser surprendre/réagir à la surprise. » Bien joué !

Elle se déplace dans la salle où nous sommes assis en désordre, et non sagement derrière des tables disposées en U.

Et sans prévenir, elle vient s'asseoir sur mes genoux !

Surprise…

Éclat de rire chez les participants.

Rire suivi d'un moment de gêne chez certains, parce que Nicole continue à parler, assise sur mes genoux. Elle parle comme si de rien n'était, comme si la situation était normale.

« Oser, c'est facile d'en parler, mais le faire ? Ce que je suis en train de faire, sur les genoux d'Amédée, c'est de vous montrer un passage à l'acte. J'ai osé !

Mais lui, Amédée, pris par surprise, vous montre à sa manière ce que signifie accepter de se laisser surprendre et réagir à la surprise. Il sourit. Il est en éveil. Il attend la suite. »

Nicole me prend par le cou.

Je la prends par la taille.

« Il accepte que je le prenne par le cou. Il aurait pu se sauver ou me repousser.

J'accepte qu'il me prenne par la taille. J'aurais pu lui retourner une claque.

Rien de tout ça !

Lui comme moi gérons la situation en temps réel, en improvisant devant vous.

Car je vous promets qu'Amédée n'était pas du tout au courant du jeu de rôle auquel il allait participer. »

La scène dure quelques minutes, sous l'œil ébahi des participants.

Nicole conclut :

« Tout ça pour vous dire que si apprendre à oser n'est pas simple, accepter et réagir l'est encore moins car on se trouve à la merci de l'initiative prise par l'autre. Il faut faire en temps réel. Cela exige une préparation et un entraînement qui vont être adaptés à chacun de vous. »

C'est l'objectif du séminaire.

Épilogue

L'exercice entre Nicole et moi a eu lieu en fin de matinée.

Au moment de passer à table, Nicole me prend à part :

« Amédée, j'espère que vous ne m'en voulez pas. Nous avons tout préparé ensemble, sauf ça, bien entendu. Je dois vous avouer que j'ai hésité jusqu'au dernier moment parce que je ne voulais pas choquer les participants. Pardonnez-moi, mais vous c'était différent. En vous voyant faire pendant la préparation et depuis le début du séminaire, je me suis dit que je pouvais m'autoriser cette facétie, et que ce serait sans conséquences ! »

Ce fût sans conséquences, mais très pédagogique pour les participants :

Entre ceux qui ont été choqués et ceux qui ont bien rigolé, les réactions ont été un révélateur de leur comportement dans la fonction.

Gérer les surprises…
Épisode 2

La soirée annuelle du CSE est traditionnellement un moment de détente.

Buffet, bal et attractions sont les supports de la convivialité.

Nombreuses sont les personnes qui viennent en famille.

Au milieu de tout ça, le DRH est commis d'office à la représentation de la société.

C'est un exercice dans lequel je m'efforce d'être le plus naturel possible, mais le défilé des salariés qui viennent présenter leur conjoint et leurs enfants n'est pas ce que je préfère…

Au menu des distractions, le CSE a notamment prévu un numéro de danseuses brésiliennes.

Au moment de leur entrée, les salariés libèrent le centre de la piste et se disposent en cercle dans la salle.

Et dans les secondes qui suivent, je me sens happé par les danseuses et je me retrouve au centre de la piste, sous les rires des salariés qui se demandent comment je vais réagir. Car les danseuses sont, dirons-nous… très légèrement vêtues !

Et je fais quoi maintenant ?

Les danseuses sont là pour danser, elles m'invitent à me joindre à leur chorégraphie.

L'une d'elles me prend par la taille pour me faire danser pendant que les autres évoluent autour de nous.

Une fois passé le moment de la surprise, je me retrouve donc à danser dans les bras d'une Brésilienne, sous l'œil amusé des salariés.

Mais comme j'aime danser, je me sens bien et je profite de la proximité induite par la danse pour entamer la conversation.

C'est ainsi que je découvre que la Brésilienne avec laquelle je danse est une jeune mère de famille de trois enfants, tout aussi brésilienne que moi, qui habite à deux pas et qui fait de temps à autre des extras avec le groupe qu'elle a monté, parce qu'elle aime danser sur des rythmes sud-américains.

Je découvre aussi, puisque je la tiens dans mes bras, qu'elle est beaucoup plus habillée que ce que la lumière et les étoiles laissent croire : elle porte une sorte de combinaison moulante, couleur chair, qui la prend depuis le cou jusqu'au bout des pieds, et sur laquelle sont fixées les étoiles. De loin, l'effet est saisissant.

Et pendant ce temps-là, il y en a qui fantasment parce que je danse avec une Brésilienne très dévêtue…

En me demandant de garder ça pour moi, elle m'explique la « commande du CSE » :

« La Secrétaire du CSE et quelques autres élus sont venus nous voir pour monter un coup sur votre tête. Le plan est simple. Je vous prends dans mes bras pour vous faire danser et ils parient que vous allez vous dégonfler… sauf la Secrétaire du CSE ! Je ne sais pas combien ils ont parié, mais elle a gagné sa soirée ! »

Nous continuons à bavarder jusqu'à la fin de la danse.

Et en guise d'au revoir, elle me claque la bise, provoquant rires, sifflets et applaudissements !

Je me retrouve seul au centre de la piste, où je suis rejoint par les membres du CSE qui m'expliquent à leur tour le pari qu'ils ont fait. Et la Secrétaire de conclure :

« Allez, les gars, faut payer maintenant ! Je vous rappelle que je suis la seule à avoir parié qu'Amédée ne se dégonflerait pas ! »

Moralité

Il ne faut jamais se priver du regard de l'intuition féminine.

Une grande polyvalence est fortement recommandée pour exercer la fonction de DRH.

Drôles de profils

L'obsédé

Je fais venir le patron de la formation pour passer en revue les objectifs qu'il propose pour son équipe.

Et avec le plus grand naturel et de belles phrases, il en arrive à me dire qu'il a deux objectifs opérationnels : renforcer la pénétration d'Yvon Trichard dans les unités de fabrication et faciliter l'introduction de Sandrine Galipeau dans les unités d'ingénierie.

Pour toute réponse, je le mets entre les mains du RRH de l'établissement pour qu'il s'occupe de son éducation et de sa mise sur le marché du travail.

Alors jeune DRH, je dois avouer que je n'ai pas su apporter d'autres réponses qu'une séparation brutale, à ce qui était pour moi le comble de la perversité… ou de la provocation… ou de l'inconscience !

Le pervers

Le patron des moyens généraux arrive dans mon bureau avec un air plus qu'ennuyé.

« Notre Tour (à deux pas du pont de Neuilly) possède des galeries techniques nécessaires notamment aux interventions sur les canalisations qui assurent l'alimentation et l'évacuation des toilettes. Chaque technicien a une zone d'intervention définie, ce qui assure une bonne connaissance des lieux et une bonne anticipation des problèmes.

À l'occasion des congés de l'un d'eux, Charles, chargé entre autres de l'étage de la direction générale, nous nous apercevons par hasard, en intervenant à sa place, qu'il a percé de petits trous dans la cloison qui sépare la galerie technique des cabines de WC des dames à l'étage de la DG. Le con ! Nous comprenons maintenant pourquoi il est souvent injoignable.

Il faut le virer dès son retour de congés, mais faire ça discrètement. Il ne faut surtout pas que ces dames apprennent qu'elles ont pu être observées de temps à autre ! »

Je m'en occupe.

Charles ne nie pas. L'affaire est menée dans la plus grande discrétion. Autant vous dire que notre homme a bien compris son intérêt à régler cette affaire au plus vite et sans bruit.

Le dormeur

Henri est un gentil garçon, mais il a des problèmes de tétine. Et chez lui, l'alcool a la vertu de le faire dormir. Il disparaît chaque jour en remontant de déjeuner, et ne réapparaît qu'à partir de 15 h 30.

Durant ce laps de temps, pas moyen de lui mettre la main dessus. Son manager est venu m'en parler. Mais il ne peut pas le pister au quotidien, surtout dans une Tour qui est un véritable labyrinthe !

Je finis par demander au patron de la sécurité de faire suivre Henri par un de ses gars de confiance, Gustave, un ancien gendarme.

C'est ainsi qu'au terme d'une investigation des cabines de toilettes des hommes, sur 10 étages sur les 25 que compte la tour, Gustave découvre Henri en train de dormir dans une cabine.

Pour être exact, il ne le voit pas dormir : il l'entend ronfler… très fort.

Et il a la présence d'esprit d'appeler un collègue en guise de témoin. Une petite demi-heure à attendre devant la porte et notre homme est cueilli à la sortie.

Conduit chez le médecin du travail, puis orienté vers l'assistante sociale, Henri finira par demander à quitter la Société pour se soigner.

Tristesse…

La première impression

J'ai rendez-vous avec une candidate pour un poste de jeune cadre RH.

J'aime bien ce type d'entretien avec les jeunes, parce que c'est toujours rafraîchissant et dynamisant de les écouter parler de leur vision du métier.

Je m'avance pour aller à la rencontre de la candidate que mon assistante est allée chercher à l'accueil.

En la voyant arriver dans le couloir, j'ai un choc : je me trouve face à toute la tristesse du monde et je sens que je ne vais pas pouvoir la recruter.

Et il me revient cette phrase attribuée, dit-on, à Sacha Guitry (et à quelques autres) : « Méfiez-vous de votre première impression, car c'est souvent la bonne. »

Je commence l'entretien par un échange informel, en faisant parler la candidate pour me défaire de cette première impression qui me hante.

Mais au bout de cinq minutes, c'est pire : je sais que je ne la recruterai pas.

Et comme je me vois mal poursuivre un entretien en faisant semblant, je fais quelque chose d'inhabituel en recrutement :

« Madame, je vais vous dire une chose que l'on ne dit jamais en recrutement, surtout après quelques minutes d'entretien. Je ne vais pas vous recruter. Et je vais vous dire pourquoi. »

« Forcément, je suis nulle et ça se voit. Je n'y arriverai jamais ! »

Comme j'ai prévu une heure pour cet entretien, je me dis que je peux utiliser ce temps pour aller au fond des choses, sans enjeu ni pression.

À partir de cet instant, commence un autre entretien, de type orientation professionnelle pour apprendre à mieux connaître la personne, ses aspirations, ses contraintes…

Cet entretien dure une heure, et la candidate se livre, tranquillement, comme si l'absence d'enjeu l'avait délivrée d'un poids trop lourd pour elle.

Au moment de mettre fin à l'entretien, elle me dit :

« Vous n'allez pas me recruter, mais je voudrais vous remercier. Vous avez pris le temps de m'écouter, de comprendre ma situation et mes contraintes, et ça, c'est la première fois que cela m'arrive. Cela m'a fait beaucoup de bien. Je vais pouvoir poursuivre ma recherche d'emploi avec un autre état d'esprit. »

« Donnez-moi de vos nouvelles ! »

Quelques mois après, elle m'écrit pour me dire qu'elle vient de terminer sa période d'essai dans une grande entreprise de sa région.

Il y a des moments dans la vie où l'on se félicite d'avoir osé faire des choses que l'on ne fait jamais… normalement.

À propos de la première impression en recrutement, j'ai vécu à trois reprises la circonstance inverse : au bout de cinq minutes, je savais que la personne qui était devant moi était la bonne.

Mais là, j'ai laissé l'entretien se dérouler normalement.

Et ces trois personnes figurent sur le podium de mes « meilleures embauches ».

Handicapé… vraiment ?

L'occasion nous est donnée d'accueillir pour quelques mois Sylvain, un ingénieur en informatique, titulaire des diplômes les plus brillants, et infirme moteur cérébral.

Vu le niveau du candidat, le patron de l'informatique s'est rapidement approprié la démarche. Mais il reste à convaincre le chef de service et les salariés de l'équipe.

Or, accueillir une personne atteinte de ce handicap est délicat, parce que les collègues vont devoir vaincre leur peur : comment créer la relation avec elle.

L'institution qui nous a présenté Sylvain nous rassure sur la vie quotidienne : il sera accompagné par une personne qui s'occupera de lui pour tout ce qui n'est pas professionnel. Pour le reste, il n'y a qu'une seule recommandation : se concentrer sur son travail, le plus sûr moyen de rester naturel !

Nous avons la chance d'être dans des locaux modernes, facilement accessibles avec un fauteuil électrique. Sylvain peut manœuvrer aisément dans les étages.

Passée la phase d'inquiétude, le quotidien reprend ses droits. Sylvain découvre l'univers de l'entreprise et ses collègues apprennent à travailler avec lui.

En allant au restaurant d'entreprise, je croise l'un d'entre eux qui m'arrête et me dit :

« Il est incroyable ce gars, c'est vraiment une “tête” dans le métier. On ne lui arrive pas à la cheville. »

Au bout de trois mois, nous faisons un point avec l'institution et la hiérarchie : le travail est très bon, l'intégration est excellente. Les trois derniers mois du stage s'annoncent sous un jour positif.

Arrive la fin du stage.

C'est un déchirement.

Les collègues ne veulent pas laisser partir Sylvain :

« Vous ne vous rendez pas compte de ce qu'il nous a apporté. Il est vraiment balaise dans le métier et en plus c'est un type super. Il faut qu'on le garde. »

Mais ce n'est pas possible. Le contexte juridique compliqué de la Société ne nous le permet pas et Sylvain n'a pas terminé le travail de fond sur son autonomie avec l'institution.

Épilogue

Quelque temps après le départ de Sylvain…

La responsable de l'institution me confie :

« Ce stage lui a fait le plus grand bien, il a vraiment commencé à s'ouvrir, mais il y a encore du travail. Et puis, je voulais vous remercier, parce qu'à travers les réactions de Sylvain, j'ai bien senti que vous avez accueilli une personne, pas un handicapé. Et cela lui a fait faire un grand pas en avant ! »

Le patron de l'informatique me confie :

« Le passage de Sylvain dans l'équipe a fait tomber des barrières. Les gars ne travaillent plus comme avant, ils se sont ouverts et cela se ressent sur leurs résultats. »

Télétravailleur ne veut pas dire indépendant

Travailler chez soi est devenu une mode sinon une exigence. Les personnes qui revendiquent cette possibilité mettent en avant un ensemble d'arguments, doux mélange de considérations personnelles et professionnelles : gain de temps et d'argent, autonomie, concentration, calme pour travailler.

Ces personnes se considèrent un peu comme des indépendants : je fais mon boulot, j'atteins mes objectifs, je suis payé. Sauf que ce sont de faux indépendants. Même en télétravail, ils restent des salariés.

Vu du côté des salariés, les approches sont très variées :

Kevin revendique d'être en télétravail à 100 %.

Mathieu, mon bras droit à l'administration du personnel, garde les pieds sur terre : « fais gaffe, si tu ne mets plus jamais les pieds au bureau, plus personne ne te connaîtra, on finira par t'oublier et un jour on te coupera la ligne en guise de solde de tout compte. Rien de plus facile que de connecter à ta place un gars qui sera à l'autre bout du monde et beaucoup moins cher que toi ! »

Ce qui laisse Kévin perplexe…

Florent va partir s'installer au bord de la mer : quitte à travailler de chez soi, autant quitter la ville pour améliorer son confort et son environnement.

Mathieu, très sage, lui rappelle que son lieu de travail reste le bureau à Paris et que si son patron lui demande d'être présent, il doit s'y rendre, et en plus à ses frais.

Ce qui laisse Florent pensif…

Jonas a trouvé dans le télétravail un moyen de faire une économie substantielle : il a supprimé tout son dispositif de garde d'enfant. Il conduit et va chercher ses enfants à l'école, s'occupe du goûter et des devoirs, et trouve même le temps d'aller faire les courses.

Mathieu le met en garde : « je te signale que tu fais ça sur ton temps de travail… Or on a les mêmes horaires au bureau et en télétravail. Certes, il y a des impondérables, mais pas plus souvent qu'au bureau. »

Contrarié le Jonas !

Nicolas, lui, rêve de travailler depuis son camping-car, aussi bien à la mer qu'à la montagne, aussi bien en France qu'à l'étranger, parce que la technique est capable de suivre.

Mathieu le fait redescendre sur terre : « tu as pensé aux problèmes de sécurité informatique ? »

Bougon le Nicolas !

Vu du côté de l'employeur, cela touche à une question de fond : c'est quoi une entreprise ?

Est-ce une simple juxtaposition à distance de personnes qui ne se rencontrent jamais et ne se voient qu'en visioconférence ?

Le télétravail fait disparaître tous les échanges informels qui naissent simplement du fait que tout le monde travaille au même endroit, que les gens se croisent dans la journée et échangent à bâtons rompus.

Et cette disparition porte préjudice à l'entreprise : « ils ne se parlent plus, vos gars ? » nous a lancé un client !

Moralité

Même en télétravail, un salarié n'est pas un indépendant. Il reste soumis aux règles communes de l'entreprise.

Une entreprise est plus que la somme des tâches accomplies par les salariés : il y faut du lien social.

Scène de bureau

Catherine est une excellente assistante. Vous savez, celle dont on rêve de s'attacher les services.

René, son chef, est un grand chef. Il en a au moins tous les attributs matériels : grand bureau, table de travail et entrée directe par le secrétariat !

Le duo fonctionne bien. Catherine a les instructions : « vous seule pouvez entrer dans mon bureau sans que je dise "entrez". Vous frappez deux coups brefs à la porte de communication intérieure et vous entrez. »

Forte de cette recommandation, et rentrée de déjeuner vingt minutes plus tôt que d'habitude, Catherine frappe deux coups brefs à la porte de communication intérieure et entre avec un dossier sous le bras.

Catastrophe.

Elle se fige, tétanisée par le spectacle qui s'offre à elle :

René est debout devant la table de travail, le pantalon et le slip en bas des jambes. Sur la table, Josette, une des chefs de service, débarrassée de sa jupe et de sa culotte, est allongée avec les quatre fers en l'air. René et Josette s'activent.

Plus pour très longtemps.

L'arrivée de Catherine les bloque dans leur élan : ils se figent, ne bougent plus et jettent un regard désespéré dans sa direction.

Silence…

René se lance : « Catherine, faites quelque chose, ne restez pas plantée là à ne rien faire. »

Josette à son tour : « Je t'en supplie, Catherine, bouge. »

Mais Catherine, sidérée, est incapable de faire un geste. Elle est tétanisée, pétrifiée.

Au bout de trente secondes, autant dire une éternité, Catherine retrouve ses sens : « Monsieur, je laisse le dossier Tartemuche sur votre bureau et je descends faire une course. »

La suite, en trois temps :

1 : Catherine va voir son DRH et vide son sac ;

2 : René et Josette sont licenciés ;

3 : Quelques mois plus tard, Catherine, hantée par cette scène, demande à quitter la Société.

Quel gâchis !

Le poids des mots

Colette est une femme dans la cinquantaine. Elle travaille à la comptabilité. Son manager est satisfait de son travail, et cherche à la garder dans son équipe parce qu'elle a un état d'esprit positif.

Le temps passe et à la faveur d'un accord avec les partenaires sociaux sur la mobilité professionnelle et la formation, j'organise des réunions avec les salariés pour répondre à leurs interrogations et susciter leurs remarques.

À l'occasion de l'une d'entre elles, Colette se lève :

« C'est vrai ce qui est écrit ici ? »

« C'est-à-dire ? »

« Il est écrit que les salariés sont les premiers acteurs de leur carrière. »

« Effectivement, j'ai proposé cette formulation parce que je n'arrêtais pas d'entendre parler de la responsabilité du management en la matière, et jamais de celle des salariés. La responsabilité du management est certes réelle – et il ne s'agit pas de la minimiser – mais il faut se défaire d'une vision trop restrictive de l'évolution professionnelle : les salariés ne sont pas des choses, ils ne sont pas des objets, ils n'appartiennent pas à leur manager. Les salariés sont des personnes libres et capables de faire valoir leurs souhaits, leurs objectifs et de façonner leur avenir. »

« Mais alors, c'est vrai, je peux aller voir mon chef et lui dire ce que je veux faire à l'avenir ? »

« Tout à fait. »

« Et il ne peut pas s'y opposer. »

« Disons qu'il faut faire en sorte que cela se passe de la façon la plus fluide et concertée possible, mais au bout du compte, comme il s'agit de votre avenir, c'est vous qui décidez de votre orientation, dans les limites de ce que la Société peut vous offrir. »

« Ça va de soi ! »

Une voix se fait entendre dans le groupe : « ça va barder à la compta ! »

Je ne sais pas si ça a bardé à la compta, mais j'ai revu Colette quelque temps après, toute souriante :

« Nous nous sommes expliqués avec mon chef. Je lui ai mis le texte de l'accord sous le nez et il a tout de suite été d'accord pour dire que si je voulais faire autre chose, il appuierait ma démarche ! »

« Bravo Colette, belle initiative ! »

« Ça m'a fait du bien d'aller lui parler. Mais surtout, je voulais vous dire combien les mots que vous avez prononcés ont résonné en moi, pour la première fois de mon existence, comme une évidence : “les salariés sont les premiers acteurs de leur carrière”. Cette phrase m'a poursuivie pendant plusieurs jours et j'en ai tiré la conclusion que je n'aurais aucun avenir si je ne me bougeais pas les fesses. »

« Et vous voulez faire quoi ? »

« M'orienter vers les RH, et dans un premier temps, faire de la paie. J'ai déjà repéré des formations, et je sais que vous allez avoir des besoins, parce qu'on se parle avec votre équipe. »

« Bravo Colette, bel exercice de gestion prévisionnelle ! »

Épilogue

Colette rejoint notre équipe six mois après. Elle est radieuse. Elle bosse bien. Les salariés sont satisfaits.

S'il est des mots qui peuvent heurter ou blesser, il en est heureusement qui font du bien.

Et cela fait du bien de le toucher du doigt.

Épilogue

Il me reste à vous raconter deux histoires, assez troublantes, qui ressemblent un peu à des histoires sans histoire, des histoires dans lesquelles personne ne se souvient du fin mot de l'histoire…

Dans la première, je suis jeune RRH dans une grande entreprise. Mon patron me demande de recevoir deux consultants (dont l'un est le frère du directeur général adjoint… ça met un peu de sel) qui ont entrepris de me démontrer que mon service administration et paie sera plus efficace s'il est externalisé. Ces deux consultants font leur étude. Un mois de travail pendant lequel beaucoup de monde se penche sur le sujet : la direction de l'informatique, la direction de l'organisation, le service études de la DRH.

Arrive le jour de la réunion de clôture. Tout ce petit monde est réuni autour de la table. Les deux consultants présentent leur rapport. Les collègues de la direction informatique et ceux de la direction de l'organisation leur emboîtent le pas. L'affaire est entendue : mon service administration et paie va être externalisé. Arrive alors mon tour de prendre la parole, en dernier.

Et là, il se passe quelque chose d'étrange. Au moment où j'ouvre la bouche pour m'exprimer, je ne sais pas du tout ce que je vais dire, mais mon intervention va durer entre cinq et dix minutes. Dans un silence inhabituel, lourd, pesant.

À l'issue de mon intervention, les deux consultants se regardent et nous annoncent qu'ils retirent leur projet. Ils quittent la salle. Les autres participants partent à leur tour.

Je reste seul, vidé, hébété, ne comprenant pas ce qui vient de se passer.

Enfin, je sors de la salle et tombe sur mon patron venu à ma rencontre :

« Ah, vous voilà ! vous allez peut-être pouvoir me dire ce qui se passe ! J'apprends par vos collègues que les consultants retirent leur projet, que vous avez fait une intervention incroyable, exceptionnelle, mais personne n'est capable de me dire un mot de ce que vous avez dit ! Je vous écoute. »

« Sauf votre respect, chef, je n'en ai pas la moindre idée. Je n'ai aucun souvenir de ce que j'ai raconté. »

Le patron du service organisation renchérit :

« C'est vrai, je n'ai moi aussi aucun souvenir de ce que vous avez dit, et je ne suis pas le seul, mais, waouh, qu'est-ce que vous leur avez mis ! »

Mystère !

Quinze ans plus tard, je suis Directeur des Ressources humaines dans une autre entreprise, et je mène une négociation sur une restructuration.

Le sujet est très sensible parce que des centaines d'emplois sont en jeu. L'atmosphère en ce début de réunion est lourde, tendue.

La réunion commence, et au bout d'une demi-heure à peine, nous sommes bloqués. Les échanges sont brefs et durs. Le dialogue ne parvient pas à s'amorcer.

Tant et si bien que je décide de suspendre la séance. Je regagne mon bureau pour prendre du recul et tenter de comprendre. Le collègue qui m'accompagne dans cette aventure ne comprend pas non plus ce qui se passe, pourquoi personne ne bouge et pourquoi chacune des organisations syndicales campe sur ses positions, alors même qu'il existe une tradition bien ancrée de négocier et de se parler.

Dix minutes de suspension de séance…

Je me tourne vers mon collègue : « Il va falloir y aller. »

« Et tu vas leur dire quoi ? »

« Je n'en ai pas la moindre idée, mais je ne peux pas les faire attendre plus longtemps. »

Nous regagnons la salle de réunion, hantés par ce vide sidéral.

Un silence pesant nous accueille.

Je m'assieds et fais un rapide tour de table du regard.

Les visages sont fermés.

Et là, il se passe quelque chose d'étrange. Au moment où j'ouvre la bouche pour m'exprimer, je ne sais pas du tout ce que je vais dire, mais mon intervention va durer entre cinq et dix minutes. Dans un silence inhabituel, lourd, pesant.

Une fois mon intervention terminée, je suspends la réunion pour la deuxième fois et les quitte sur ces mots : « Je vous ai tout dit. À vous de voir si vous voulez poursuivre cette négociation. Si c'est le cas, appelez-moi, je serai dans mon bureau. »

J'arrive dans mon bureau. Mon équipe se précipite :

« Alors, chef, racontez, qu'est-ce que vous leur avez dit ? »

« Je n'en ai pas la moindre idée, mais toi, André, tu dois le savoir. Tu prenais des notes. »

« Ben non, très vite je me suis arrêté de prendre des notes, tout comme les délégués. Nous étions tous suspendus à ton discours. Moi aussi je suis incapable de raconter ce que tu as dit. Mais waouh, qu'est-ce que tu leur as mis ! »

Les délégués viennent me chercher au bout de dix minutes. La négociation reprend de façon tranquille, comme s'il ne s'était rien passé.

Renseignements pris par la suite, pas une organisation syndicale n'est capable de raconter ce que j'ai dit.

Mystère !

Vous avez une explication ?

Imprimé en Allemagne
Achevé d'imprimer en mars 2024
Dépôt légal : mars 2024

Pour

Le Lys Bleu Éditions
40, rue du Louvre
75001 Paris